Pedro Calderón de la Barca

No siempre
lo peor es cierto

Barcelona **2024**
Linkgua-ediciones.com

Créditos

Título original: No siempre lo peor es cierto.

© 2024, Red ediciones S.L.

e-mail: info@Linkgua-ediciones.com

Diseño de cubierta: Michel Mallard.

ISBN tapa dura: 978-84-1126-268-2.
ISBN rústica: 978-84-9816-452-7.
ISBN ebook: 978-84-9953-359-9.

Sumario

Brevísima presentación

La vida
Pedro Calderón de la Barca (Madrid, 1600-Madrid, 1681). España.

Su padre era noble y escribano en el consejo de hacienda del rey. Se educó en el colegio imperial de los jesuitas y más tarde entró en las universidades de Alcalá y Salamanca, aunque no se sabe si llegó a graduarse.

Tuvo una juventud turbulenta. Incluso se le acusa de la muerte de algunos de sus enemigos. En 1621 se negó a ser sacerdote, y poco después, en 1623, empezó a escribir y estrenar obras de teatro. Escribió más de ciento veinte, otra docena larga en colaboración y alrededor de setenta autos sacramentales. Sus primeros estrenos fueron en corrales.

Lope de Vega elogió sus obras, pero en 1629 dejaron de ser amigos tras un extraño incidente: un hermano de Calderón fue agredido y, éste al perseguir al atacante, entró en un convento donde vivía como monja la hija de Lope. Nadie sabe qué pasó.

Entre 1635 y 1637, Calderón de la Barca fue nombrado caballero de la Orden de Santiago. Por entonces publicó veinticuatro comedias en dos volúmenes y La vida es sueño (1636), su obra más célebre. En la década siguiente vivió en Cataluña y, entre 1640 y 1642, combatió con las tropas castellanas. Sin embargo, su salud se quebrantó y abandonó la vida militar. Entre 1647 y 1649 la muerte de la reina y después la del príncipe heredero provocaron el cierre de los teatros, por lo que Calderón tuvo que limitarse a escribir autos sacramentales.

Calderón murió mientras trabajaba en una comedia dedicada a la reina María Luisa, mujer de Carlos II el Hechizado. Su hermanó José, hombre pendenciero, fue uno de sus editores más fieles.

Personajes

Don Carlos
Don Juan Roca
Don Diego Centellas
Don Pedro de Lara, viejo
Fabio, criado
Ginés, criado
Doña Leonor
Doña Beatriz
Inés, criada

Jornada primera

(Salen don Carlos y Fabio, vestidos de camino.)

Carlos   ¿Diste el papel?

Fabio   Sí, señor;
y con notable alegría
dijo que al punto vendría
a esta posada.

Carlos   Y Leonor
¿habráse ya levantado?

Fabio   Aun no ha abierto su aposento.

Carlos   Pues llama en él, porque intento
darla parte del cuidado
   con que a asegurar me atrevo
su vida y su honor aquí,
por lo que me debo a mí,
no por lo que a ella la debo.
   Llama, pues; que ya es hora
de que despierte.

(Sale doña Leonor.)

Leonor   Eso fuera
si yo, don Carlos, durmiera;
pero quien padece y llora
   desdenes de una fortuna
tan crüel, tan inclemente,
tan a todas horas siente
que no descansa en ninguna.

¿Qué me quieres?

Carlos   Informarte
de cómo en tan triste suerte
trata mi amor defenderte,
ya que no es posible amarte.
          Sabrás...

Leonor   No prosigas, no;
pues sea justo o no sea justo,
basta saber que es tu gusto
para obedecerle yo.
     Que, aunque en pena semejante
atento te considero
a la ley de caballero,
primero que a la de amante,
     en mí no hay más elección,
más gusto, más albedrío
que el tuyo; siendo éste el mío,
¿para qué es la relación?

Carlos   ¡Oh, qué bien esa humildad,
hermosa Leonor, viniera,
si de voluntad naciera,
y no de necesidad!

Leonor   A quien ya le ha persuadido
la apariencia de un engaño
tarde o nunca el desengaño
pondrá su queja en olvido;
     y más cuando él de su parte
tan poco hace por creer
que pudo o no pudo ser.

Carlos	No trates de disculparte;
	que no has de poder, Leonor.
Leonor	Haz una cosa por mí,
	por ser la última que aquí
	ha de deberte mi amor.
Carlos	Sí haré; sal de ese cuidado.
	Dime, pues, lo que deseas.
Leonor	Escúchame, y no me creas
	después de haberme escuchado.
Carlos	Con aquesa condición,
	sí haré. Prosigue, pues; di.
	¿Qué es lo que quieres de mí?
Leonor	Solamente tu atención.
Carlos	Aguarda. ¡Fabio!
Fabio	¿Señor?
Carlos	Si viniere el caballero
	que llamaste, entra primero,
	porque se esconda Leonor.

(Vase Fabio.)

Prosigue ahora.

Leonor	Ya sabes,
	Carlos mío... Mal empiezo,
	pues yendo a decir verdades,

hube de empezar mintiendo.
Descuido fue; ¡ay Dios! ¡Cuál debe
de andar mi amor acá dentro,
pues, de cuanto arroja fuera,
hasta el descuido es requiebro!
Ya sabes, digo otra vez,
la ilustre sangre que tengo,
por la estimación que has visto
en mis padres y en mis deudos.
También sabes que por mí,
Carlos, no la desmerezco,
aunque quieran mis desdichas
deslucir mis pensamientos.
¡Oh, cuánto en esta materia
cobarde estoy, conociendo
que contra mí hasta la misma
verdad sospechosa tengo!
Pues quien me viere venir
peregrinando a otro reino
en poder de un hombre mozo,
y dé este con tal despego
tratada que las finezas
que a su ilustre sangre debo
aun no las debo yo, pues
él se las debe a sí mesmo,
¿cómo creerá que sin culpa
tantas desdichas padezco,
cuando al primero que obligo
es el primero que ofendo?
Pero ¿qué importa, qué importa
que en lo aparente y supuesto
se conjuren contra mí
estrella, fortuna y tiempo,
si en la verdad han de hallarse

todos de mi parte, haciendo
lo que el Sol con el eclipse,
que, aunque borre sus reflejos,
aunque perturbe sus rayos,
no por eso, no por eso
deja, a pesar de las sombras,
de salir después, venciendo
la vaga interposición
que ya le juzgaba muerto?
Y al fin contra cuantas nieblas
mi esplendor deslucen, pienso
coronarme victoriosa;
y hasta llegar este efecto,
hoy, a pesar de sus iras,
a atar el discurso vuelvo.
En la corte, patria mía,
—ioh, pluguiera al mismo cielo
hubiera sido al nacer
mi cuna y mi monumento!—
Carlos, me viste una tarde
que, a San Isidro saliendo
con unas amigas mías
por amistad o por deudo,
llegaste a hablarlas y, dando
licencias el campo —atento
a mi hermosura dijera,
si pensara que la tengo—
de galán y de entendido
juntaste los dos extremos,
haciendo la cortesía
capa del atrevimiento.
Continuaste desde entonces
en mi calle los paseos,
en mi reja los suspiros,

de día y de noche siendo
la estatua de mis umbrales
y la sombra de mi cuerpo.
Solicitaste criadas
y amigas, que son los medios
comunes de amor, a quien
debiste que tus afectos
oyese, para escucharlos,
si no para agradecerlos.
¡Cuántos días te costó
de finezas y desvelos
que leyese un papel tuyo!
Tú lo sabes; y así quiero,
dejando empeños menores,
ir a mayores empeños.
Enterada yo de que
fuesen, Carlos, tus intentos
tan lícitos que aspiraban
solo a fin de casamiento,
admití, menos crüel
que debiera, tus deseos;
pero con aquel seguro
bastante disculpa tengo
en lo ilustre de tu sangre,
lo honrado de tus respetos,
lo galán de tu persona
y lo sutil de tu ingenio.
Ya nuestra correspondencia
entablada, en el silencio
de la noche, porque a él solo
se fiaba el amor nuestro,
nos hablábamos por una
reja de mi cuarto; y viendo
que no dejaba de ser

escándalo a los que, necios,
de sus cuidados se olvidan
por cuidar de los ajenos,
tratamos que desde entonces
entrases al aposento
de un criado, donde yo
hablarte podía sin miedo.
De esta vil curiosidad
que tantos daños ha hecho,
pues los peligros de afuera
enmienda con los de adentro,
una noche que veniste
más tarde que otras —no quiero
hablar, que no es ocasión,
en si otro divertimiento
más gustoso te detuvo,
pues al fin yo le agradezco
la novedad de venir
al daño y no venir presto—
entraste en mi casa, y cuando,
quejoso mi sentimiento,
desconfiada mi fe,
te esperaba con aquellos
dulces desaires de amor
que entre confianza y miedo
hacen el cariño más
porque le descubren menos,
apenas una palabra
pude hablarte, cuando siento
dentro de mi cuarto ruido
y a saber quién era vuelvo.
Tú, pensando que sería
desdén estudiado, a efecto
de castigar tu tardanza,

me seguiste, cuando —¡ay cielos!—
vi —¡mátame mi memoria!—
que —¡con qué dolor me acuerdo!—
un —¡con qué pena lo digo!—
hombre —¡ahógame mi aliento!—
embozado —¡qué desdicha!—
hacia mí...

(Sale Fabio.)

Fabio
                Aquel caballero
que enviaste a llamar aguarda
ahí fuera.

Carlos
                 Éntrate allá dentro;
que no quiero que te vea
hasta después.

Leonor
                   ¡Que hasta en esto
hube de ser desdichada,
pues, aun para este pequeño
alivio de hablar siquiera,
hubo de faltarme tiempo!

Carlos
           Hoy verás cuánto es en vano
querer disculparte.

Fabio
                  Presto,
si has de esconderte; que entra.

Carlos
           Tú salte allá fuera luego;
(A Leonor.)
y tú escucha lo que hablamos.

Leonor
           ¡Qué poco a mi estrella debo!

Carlos   Menos debo yo a la mía,
pues lo que me dio la he vuelto.

(Escóndese doña Leonor y vase Fabio. Sale don Juan.)

Juan   ¡Don Carlos, primo!

Carlos   Los brazos
me dad, don Juan.

Juan   Aunque tengo
para negarlos razón,
conmigo acabar no puedo
que valga la queja más
que vale el gusto de veros.
¿Vos en Valencia, don Carlos,
y no en mi casa? ¿Qué es esto?
Pues ¿cómo se hace este agravio
a amistad y parentesco?

Carlos   La queja, don Juan, estimo,
como es justo; pero tengo
la disculpa tan a mano
que habéis de olvidarla presto.
¿Cómo estáis?

Juan   Para serviros
siempre, a todo trance expuesto.

Carlos   ¿Vuestra hermana y prima mía?

Juan   Salud goza; mas dejemos
el cumplimiento, por Dios;

que es un hidalgo muy necio.
¿Qué venida es esta, Carlos?
¿Qué hay en la corte de nuevo?

Carlos   ¿Qué ha de haber? Desdichas mías,
de que en vano voy huyendo;
pues dondequiera que voy
allí, don Juan, las encuentro.

Juan   Con eso que me habéis dicho
me habéis crecido el deseo
de saber qué causa os trae
tan despulsado el aliento.

Carlos   Yo vi una hermosura, y yo
la amé, don Juan, tan a un tiempo
todo, que entre ver y amar
aun no sé cuál fue primero.
Rendido ostenté finezas,
constante sufrí desprecios,
fino merecí favores,
celoso lloré tormentos;
que éstas son las cuatro edades
de cualquier amor; pues vemos
que en brazos del desdén nace,
crece en poder del deseo,
vive en casa del favor
y muere en la de los celos.
Entraba de noche a hablarla
de un criado al aposento
que corresponde a su cuarto;
escuchamos pasos dentro,
volvió ella, y yo tras ella,
o recelando o temiendo

que fuese su padre, cuando
vimos un hombre cubierto
que de su cuarto venía
a hurto sus pasos siguiendo.
«¿Quién es?» dijo. Él respondió:
«Quien solo quiso ver esto.»
Yo nada hablé, porque a vista
de mi dama y de mis celos
remití toda la voz
a la lengua del acero.
Saqué la espada y, cerrando
los dos, a morir resueltos,
quiso, no sé bien si diga
piadoso o crüel, el cielo
que de una herida cayese
en la tierra, para hacernos
iguales las suertes; pues
nos vimos a un punto mesmo,
muerto de la herida él,
y yo del agravio muerto.
Bien pensaréis que ésta es sola
mi desdicha y que el suceso
para en que yo delincuente
me vengo a Valencia, huyendo
del rigor de la justicia.
Pues no, don Juan, pues no es eso;
que ahora empieza el más extraño,
el más notable, el más nuevo
lance de amor que jamás
dio la cadena a su templo.
Al ruido de las espadas,
de la dama los extremos,
dieron las criadas gritos;
despertó su padre a ellos;

consideradme a mí ahora,
sobre declarados celos,
conjurando contra mí
su familia a un noble viejo,
desmayada aquí mi dama,
y allí mi enemigo muerto.
En este trance me hallaba
cuando ella —iay de mí!— volviendo
del desmayo, me pidió
su vida amparase. iAh cielos,
qué bien hace la mujer
que, habiendo de hacer un yerro,
lo fía de buena sangre!
Dígalo yo, pues en medio
de su traición y mi agravio
dispuse acudir primero
al reparo de su vida
que no al de mi sentimiento.
«Sígueme presto», la dije;
y haciendo muro mi pecho,
salí con ella a la calle,
donde las alas del miedo
nos ampararon de suerte
veloces que en un momento
en cas de un embajador
tomamos seguro puerto.
Envié a llamar un criado
que, informado de secreto
de todo, volvió a decirme
que el hombre era un caballero
forastero, que en la corte
estaba a seguir un pleito,
cuyo nombre, aunque le oí,
por ahora no me acuerdo;

que la herida en la cabeza
le privó el sentido, pero,
aunque con poca esperanza
de vida, no estaba muerto,
sino en otra casa, adonde
le llevó un alcalde preso;
que, habiendo sabido que era
yo el agresor del suceso,
mi hacienda estaba embargando.
Ya añadió después a esto
que el padre, como hombre al fin
prudente, advertido y cuerdo,
ni querella ni otra alguna
diligencia había hecho,
porque su venganza solo
librada tenía en su esfuerzo.
Yo, viéndome, pues, cercado
de penas y en un empeño
tan grande como amparar
la causa de ellas, resuelvo
salir de Madrid, adonde
pueda vivir por lo menos
sin temor de la justicia,
ni de su padre y sus deudos.
Y así, lleno de pesares
y de obligaciones lleno,
acordándome de vos,
de vos a valerme vengo.
Yo, don Juan, traigo conmigo
aquesta dama, a quien tengo
de salvar la vida a costa
de todos mis sentimientos.
En dejándola segura,
pues ésta es en todo riesgo

mi primera obligación,
podrán mis desdichas luego
acudir a la segunda;
pues la segunda que tengo
es huir de esta enemiga
que como noble defiendo,
que como quejoso obligo,
como enamorado quiero
y como ofendido huyo;
y en dos contrarios extremos,
acudiendo a las dos partes,
de amante y de caballero,
enamorado la adoro
y celoso la aborrezco;
cuyas dos obligaciones
tan cabal la acción han hecho
que desde Madrid aquí,
si no es hoy, juraros puedo
que no la hablé dos palabras;
porque no quise que en tiempo
ninguno de mí dijese
la fama que pudo menos
mi valor que mi apetito;
que es hombre bajo, que es necio,
es vil, es ruin, es infame
el que solamente atento
a lo irracional del gusto
y a lo bruto del deseo,
viendo perdido lo más,
se contenta con lo menos.
Mirad vos cómo en Valencia,
con otro nombre supuesto,
podrá vivir esta dama,
en qué casa, en qué convento,

en qué retiro, en qué aldea,
donde vereis que la dejo
lo poco que traer conmigo
pude para su sustento;
que a mí me basta esta espada;
pues al instante, al momento
que ella asegurada quede,
yo tengo de ir de ella huyendo.
A Italia a servir al Rey
me pasaré, donde al cielo
le pido que la primera
bala acierte con mi pecho,
porque con mi vida acaben
de una vez tantos recelos,
tantas penas, tantas ansias,
agravios y sentimientos,
que como noble las huyo
y como amante las siento.

Juan   Es tan nueva vuestra historia,
tan raro vuestro suceso
que solo puede admirarse,
dejándoselo al silencio.
Y hablando, no en el pasado,
pues ya no tiene remedio,
sino en lo presente, vamos
lo que ha de ser previniendo.
Donde mejor esta dama
estará es en un convento;
mas tiene el inconveniente
de haber de estarla asistiendo,
cuando tan pobre os halláis,
sin renta y con alimentos;
que, aunque mi alma, mi vida,

23

mi ser y honor, todo es vuestro,
mi hacienda está de manera,
don Carlos, que no me atrevo,
porque no sé si después
podré cumplirlo, ofrecerlo.
Y así en mi casa presumo
que habrá de estar, donde creo
que...

Carlos   No paséis adelante;
que, aunque la oferta agradezco,
no me es posible aceptarla,
ni que, estas cosas sabiendo,
dé ese cuidado a mi prima.
Fuera de que no es respeto
llevar mi dama a su casa;
que, aunque por su nacimiento
mereciera bien su lado,
estos extraños sucesos
ajan mucho las noblezas.

Juan   Oíd, que para todo hay medio.
A una doncella de casa
mi hermana habrá poco tiempo
que puso en estado, y hoy
está sin ella. Yo tengo
una dama, amiga suya,
a quien sirvo y galanteo
para casarme, y a quien
podré fiar el secreto.
Pidiéndole yo a esta dama
que la envíe a casa, dejo
asegurada la parte
de que mi hermana, sabiendo

quién es, lo tenga a disgusto.
Y aunque el desdoro confieso
de que entre con este nombre,
puede tolerarse, siendo
en lo público criada
y señora en lo secreto;
pues yo he de estar a la mira,
siempre a su servicio atento.

Carlos   El medio no era muy malo
para asegurarla; pero
no me atreveré, don Juan,
yo a decirlo y proponerlo
a Leonor, porque...

(Sale doña Leonor de donde estaba escondida.)

Leonor   Detente;
que yo responderé a eso.
—Señor don Juan, no tan solo
como criada sirviendo
en vuestra casa estaré
honrada y gustosa, pero
como esclava que compráis
de aquesta fineza a precio;
porque no habrá para mí,
si es que para mí hay consuelo,
otro alguno, sino solo
saber que ha de ser mi dueño
cosa tan propia de Carlos;
y así, humilde a esos pies ruego
facilitéis esta dicha.
Y pues os he estado oyendo,
y en la relación que él

de mis fortunas ha hecho
parece que estoy culpada
y que apelación no tengo,
porque a vuestra casa no
llevéis ni aun el más pequeño
escrúpulo de que soy
tan fácil como parezco,
plegue a Dios que él me destruya
con su poder, y los cielos
me falten, si yo a aquel hombre
embozado y encubierto
ocasión le di jamás
para tanto atrevimiento,
si ya no es darle ocasión
a un hombre darle desprecios.

Juan   Vuestra hermosura, señora,
al paso que vuestro ingenio,
os acredita conmigo;
y no ya por Carlos quiero
hacer la fineza, si es
fineza la que os ofrezco,
sino por vos. Que la escriba
mi dama a mi hermana quiero
un papel que vos llevéis.
Esperad, que al punto vuelvo.

(Vase.)

Leonor   Ya, don Carlos, que ha llegado
el plazo de tus deseos,
pues ya te verás sin mí,
una cosa sola espero
que añadas a las finezas

que hasta este instante te debo.

Carlos   Déjame, Leonor, por Dios;
no apures mi sufrimiento,
porque no sé que te adoro
hasta que sé que te pierdo.
Pero dime, ¿qué me quieres
pedir?

Leonor   Que si en algún tiempo
te llegare el desengaño
de la culpa que no tengo,
me has de cumplir la palabra
que me diste.

Carlos   No solo eso
ofrezco a ese desengaño,
Leonor, pero hacerte ofrezco
víctima el alma y la vida.
Pero ¿cómo me enternezco
de esta suerte? ¿Tú no eres
la que aquel hombre encubierto
en tu aposento tenías?
Pues ni aun desengaños quiero
tuyos, sino huir de ti,
ya que segura te dejo.

Leonor   Vete, vete; que algún día
volverán por mí los cielos.

Carlos   Si esa esperanza no hubiera,
me hubiera yo, Leonor, muerto
a manos de mi dolor.

Leonor   Si airado una vez, si tierno
                  otra vez me hablas, ¿por qué,
                  más al mal que al bien atento,
                  no te pones de mi parte
                  y crees, Carlos, que puedo
                  estar sin culpa?

Carlos   Porque
                  temo que en cualquier suceso
                  siempre es cierto lo peor.

Leonor   Pues yo en mi inocencia espero
                  que ha de haber suceso en que
                  no siempre lo peor es cierto.

(Vanse. Sale doña Beatriz leyendo un papel, y tras ella Inés.)

Inés (Aparte.)   (Leyendo mi ama un papel,
                  tan triste y confusa está
                  que mil deseos me da
                  de saber lo que hay en él.
                     Una vez le aja furiosa,
                  y al cielo elevada mira,
                  otra llora, otra suspira.)

Beatriz   ¿Hay suerte más rigurosa?

Inés (Aparte.)   (A leer vuelve. ¿De qué nace
                  ya el agrado y ya el furor?
                  Sin duda que es borrador
                  de alguna comedia que hace.)

Beatriz   Bien dicen que una crüel
                  pluma áspid es de ira lleno,

de quien la tinta es veneno
en las hojas del papel.
    Dígalo yo, pues a mí
muerte su traición me dio.
¿Quién creerá mis penas?

Inés   Yo.

Beatriz   Inés, ¿tú estabas aquí?

Inés   A esta cuadra salí ahora
y, viendo la confusión
que tiene tu corazón,
te he de suplicar, señora,
    digas qué causa te obliga
a tan grande extremo.

Beatriz   Es tal
que, por aliviar el mal,
es fuerza que te la diga.
    Bien te acuerdas que don Diego
Centellas me galanteó
mucho tiempo.

Inés   Sí.

Beatriz   Y que yo,
agradecida a su ruego,
    a su amor y a su fineza,
le correspondí.

Inés   Muy bien.

Beatriz   Bien te acordarás también

que, aunque es tanta su nobleza,
     no se declaró jamás
con mi hermano, hasta salir
con pleito que a seguir
fue a la corte.

Inés   Lo demás.

Beatriz   Pues Ginés, un criado suyo,
que de mí obligado vive,
aquesta carta me escribe,
de que claramente arguyo
     que, en Madrid enamorado,
el pleito a que fue es de amor.
La carta dirá mejor
su traición y mi cuidado.

«Cumpliendo, señora, con la
obligación de lo que ofrecí, que fue
avisar de todo,
/ hago saber a Vuestra Merced que en
casa de una dama de esta corte dejó por
muerto a mi señor un caballero de una
herida, de que estuvo dos días sin sentido
y preso. Ya, gracias a Dios, está mejor y
libre, y de partida para esa ciudad, adonde...»

     No leo más, porque confieso
que me ahogan las ansias mías.

Inés   ¿Qué más, señora, querías
leer, después de leído eso?

Beatriz   ¿Este es el pleito a que fue

don Diego?

Inés   Era necesario;
que siempre es pleito ordinario
de Madrid amor.

Beatriz   No sé
con qué estilos, con qué modos
pueda explicar mi dolor.

Inés   Quien vio partir al señor
—ioh, fuego de Dios en todos!—
ofreciendo maravillas,
y como los alfareros
de amor, no solo pucheros
hacen, sino cantarillas;
y al fin duran sus extremos
hasta que otra cara ven.
Pero, pícaros, también
nosotras lo mismo hacemos.
Y al cabo de la jornada
bien sabe mi santo Dios
que estamos en paz, y no os
quedamos a deber nada.

Beatriz   De rabiosos celos muerta
estoy.

Inés   Tienes mil razones.

Beatriz   Y durarán mis pasiones
hasta que... Pero ¿a esa puerta
Inés, no han llamado?

Inés	Sí.
Beatriz	Pues llega; mira quién es.
Inés (Aparte.)	(¡Ay de ti, pobre Ginés,
	si otro escribiera de ti
	que en Madrid descalabrado
	mi casto honor ofendías!)
Beatriz	Locas confusiones mías,
	ya que a ver habéis llegado
	efectos de una mudanza,
	haced, pues todo es del viento,
	que me lleve el pensamiento
	quien me llevó la esperanza.
	Diera, por ver a la dama
	que pudo empeñarle así,
	el alma y la vida.

(Salen Inés y doña Leonor vestida pobremente con manto.)

Inés	Aquí
	está; entrad.
Beatriz	Inés, ¿quién llama?
Leonor	Quien, si merece, señora,
	besar vuestra blanca mano,
	podrá desmentir, no en vano,
	sus fortunas desde ahora,
	pues de su golfo crüel
	puerto toma en vuestro cielo.

(Arrodíllase.)

32

Beatriz	Alcese, amiga, del suelo.
Leonor (Aparte.)	(¡Que mal me ha sonado el «él»!)
Beatriz	¿Qué es lo que quiere?
Leonor	Este aquí carta de creencia es.
Beatriz	¿Cúyo es?
Leonor	De Violante.
Beatriz (Aparte.)	(¡Inés, qué buena cara!)
Inés (Aparte.)	(Así, así.)
Leonor (Aparte.)	(Fortuna, ¿a qué más extremo puedes haberme traído? Y aun lo que lloro no ha sido tanto como lo que temo.)
Beatriz	Violante me escribe aquí, sabiendo que una criada que he tenido está casada, que en su lugar...
Leonor (Aparte.)	(¡Ay de mí!)
Beatriz	...la reciba, porque tiene bastante satisfacción que su virtud y opinión

a mi servicio conviene;
de que agradecida quedo
a la intercesión.

Leonor   Los pies
me da otra vez.

Beatriz   ¿De dónde es?

Leonor   Soy de tierra de Toledo.

Beatriz   Pues ¿a qué a Valencia vino?

Leonor   Con una dama, señora,
de la virreina, que ahora
ha muerto. Y así previno
    mi suerte buscar a quien
servir pueda en la ciudad.

Beatriz   Su buena gracia, en verdad,
y su persona también
    me agradan. ¿De qué servía?

Leonor   De doncella de labor.

Inés (Aparte.)   (Eso sí; que fuera error
esotra doncellería.)

Leonor   Yo la tocaba, y no dudo
que daros gusto sabré
en esta parte, porque
abril inventar no pudo
    flor que yo de tal manera
no imite, que ese cabello

34

competir hermoso y bello
le haré con la primavera.
   Enaguas, valonas, tocas
no habrán menester salir
de casa para lucir;
pues como yo sabrán pocas
   aderezallas ni hacellas
del uso que más se tray.
No hay labor blanca, no hay
puntas sutiles y bellas
   que no haga con perfección
tanta que dirás, no en vano,
que allí no anduvo la mano
sino la imaginación.
   Bordo razonablemente
broca, cañamazo y gasa.

Beatriz
   Lo que ha menester mi casa
me ha venido cabalmente;
   y así puede desde luego
quedarse en casa; que aunque
dueño mío y de ella fue
mi hermano, a dudar no llego
   que, siendo esto gusto mío,
él no lo embarazará.

Leonor
   Que no se disgustará,
señora, en quien es confío;
   que hacer a un triste feliz
es de nobles como él.

Beatriz
   ¿Cómo se llama?

Leonor
              Isabel.

Beatriz	Quítese el manto.

(Sale don Juan.)

Juan	¡Beatriz!
Beatriz	¡Hermano don Juan!
Juan	¿Qué hacías?
Beatriz	Una fineza por ti haciendo estoy.
Juan	¿Cómo así?
Beatriz	Porque sabiendo que habías de agradecer, como amante, dar gusto a tu dama bella, recibí aquesa doncella, por ser cosa de Violante.
Juan	La buena cortesanía y la malicia agradezco.
(A Leonor.)	Y así esta casa os ofrezco, por vos y quien os envía; porque si para los dos tal encomienda traéis, vos a Beatriz serviréis, pero yo os serviré a vos.
Leonor	Guárdeos el cielo, señor, por la merced que me hacéis. En mí una esclava tendréis.

Juan (Aparte.)   (¿Qué te parece, Leonor,
de la casa y Beatriz bella?)

Leonor (Aparte.)   (Que solamente con esto
que hoy la he debido, se ha puesto
en paz conmigo mi estrella.)

Juan   Beatriz, hablarte quisiera
en una cosa que hoy
por mí has de hacer.

Beatriz   Tuya soy.
Idos las dos allá fuera.

(Hablan don Juan y doña Beatriz en secreto.)

Inés   Usted, señora Isabel,
me conozca por criada,
por amiga y camarada;
que uno y otro seré fiel,
   como su mucho valor
solamente haga una cosa.

Leonor   ¿Qué es?

Inés   No serme escrupulosa
en un tantico de amor.

Leonor   Esa caduca costumbre
ya espiró. Y si verdad digo,
también traigo yo conmigo
mi poca de pesadumbre.

Inés	Como eso tu voz me diga,
	desde aquí de mejor gana
	seré amiga más que hermana.
Leonor	Y yo hermana más que amiga.
(Aparte.)	(¡Que hable yo así! Cielos, ¿quién
	aquesto creerá de mí?)

(Vanse las dos.)

Beatriz	¿Carlos en Valencia?
Juan	Sí;
	mas publicarlo no es bien,
	porque de secreto pasa
	a Nápoles; y esto ha sido
	causa de que no ha venido
	a servirse de esta casa.
	Mas vendrá al anochecer
	a verte, y lo que quisiera
	que por mí tu amor hiciera
	es prevenir y tener
	algún regalo que hacelle.
Beatriz	Digo que yo trastearé
	mis escritorios; veré
	qué hay en ellos que ofrecelle;
	que, aunque estoy desalhajada,
	para cosas semejantes
	habrá bolsas, lienzos, guantes;
	y de la ropa excusada
	que hay por estrenar, verás
	un azafate que creo
	que le acredite el deseo.

Juan	Notable gusto me das.
Beatriz	Esto y la cena de mí fía.
Juan	Pues yo vuelvo luego. Adiós.
Beatriz (Aparte.)	(¡Oh traidor don Diego, quién se vengara de ti!)

(Vase.)

Juan	A Carlos quiero avisar el efecto que ha tenido el papel; y aunque haya sido su mayor cuidado estar, lo que ha que está, tan secreto que ninguno puede velle, esta noche he de traelle conmigo a casa.

(Vase. Salen don Diego y Ginés, de camino.)

Diego	En efeto gran gusto es volver un hombre a ver la patria, Ginés.
Ginés	Y más cuando ha estado tan a pique de no volver.
Diego	Convaleciente me vi y libre apenas, porqué

contra mí no hubo querella,
cuando al instante traté
de ausentarme de Madrid,
por el recelo de que
los parientes de Leonor
muerte a su salvo me den.

Ginés   Si esto de morir es burla
pesada para una vez,
¿qué será para dos veces?
Tú hiciste, señor, muy bien.

Diego   ¿No es don Juan aquél que sale
de su casa?

Ginés   Sí.

Diego   Ginés,
todo parece que hoy
me va sucediendo bien.

Ginés   Pues ¿qué maula te has hallado?

Diego   ¿Es poca dicha saber
que, estando ahora don Juan
fuera de casa, podré
ver a Beatriz?

Ginés   ¿De Beatriz
te acuerdas?

Diego   ¿Cuándo olvidé
yo su gran belleza?

Ginés	Cuando por otra, que yo miré, te dieron en la cabeza, o de tajo o de revés, un tanto con que por tanto no vuelves acá otra vez.
Diego	Eso de servir un hombre en ausencia otra mujer es licencia concedida al amante más fiel.
Ginés	Lo mismo hacen ellas.
Diego	Llega, y pregunta por Inés y dila que estoy yo aquí... y advierte una cosa...
Ginés	¿Qué?
Diego	Que del pasado suceso a nadie noticia des, y más en cas de Beatriz.
Ginés	¿Eso había yo de hacer? Cree que hoy no sabrá de mí más de lo que supo ayer, que no la vi de mis ojos.
Diego	Llega, pues; llama.

(Llama Ginés a la puerta. Sale Inés.)

Inés	¿Quién es?
Ginés	Señora Inés, un criado de toda vuesa merced, que tan amante y rendido se viene como se fue.
Inés	¡Ginés mío! ¿No me das un abrazo?
Ginés	Y dos y tres; que no soy yo miserable.
Inés	¿Cómo has venido?
Ginés	Después lo sabrás muy por extenso; que no hay tiempo ahora, porqué mi señor te quiere hablar.
Inés	Luego ¿ha venido también?
Diego	Sí, Inés, y con mil deseos de verte a ti y de saber cómo está Beatriz.
Inés	Pues buena la hallarás, sabiendo...

(Sale Beatriz.)

Beatriz	Inés, ¿quién llamaba, que con tanta conversación estás?

Diego	Quien
	peregrino y derrotado
	de la tormenta crüel
	de una ausencia en que, rendido
	el zozobrado bajel
	de amor a uno y otro embate,
	sufrió uno y otro vaivén,
	hasta que, tranquilo el mar,
	con el bello rosicler
	de los amigos celajes,
	toma puerto a vuestros pies,
	adonde consagra humilde
	la tabla, que tumba fue
	en el templo de su amor,
	al ídolo de su fe.
Beatriz (Aparte.)	(¡Que mientan así los hombres!
	Mas disimular es bien.)
	Aunque más, señor don Diego...
	pero luego os lo diré.
(Aparte.)	(Inés, mira que no salga
	a aquesta cuadra Isabel;
	que no es bien que el primer día
	mis penas sepa.)
Inés (Aparte.)	(Haces bien.)
	Ginés, después nos veremos.
Ginés	Como nos veamos después,
	yo haré verdad el refrán
	de «un poco te quiero, Inés».

(Vase Inés.)

Beatriz	Aunque más, señor don Diego,
	—vuelvo a decir otra vez—
(Aparte.)	(¡Qué mal se encubre el dolor!)
	encarezcáis ni pintéis
	de la ausencia las tormentas,
	significar no podréis
	las que he padecido yo,
	siempre amante y siempre fiel.
Diego (Aparte.)	(¡Albricias, que nada sabe!)
Ginés (Aparte.)	(¿Cómo lo había de saber?)
Beatriz	¿Cómo en la corte os ha ido?
Diego	Como ausente de vos, pues
	no hay gusto en ausencia amando,
	si no es uno.
Beatriz	¿Cuál?
Diego	Volver
	a vista de lo que se ama.
Beatriz (Aparte.)	(¡Que falso conmigo esté!
	Un áspid tengo en el pecho
	y en la garganta un cordel.)
	¿En qué estado el pleito queda?
Diego	Como estaba le dejé,
	porque mi poca salud
	me trae a convalecer.

44

Beatriz	¿De qué achaque?
Diego	De no veros.
Beatriz	Pues ¿no hay en Madrid que ver? ¿No son bizarras sus damas?
Diego	Como a ninguna miré, no puedo dar voto en ellas.
Beatriz	¿Ninguna?
Diego	Di tú, Ginés, la fineza que en mí viste.
Ginés	Tanta fineza vi en él que le vi muerto de amor.
Beatriz	Sí; mas no dices de quién.
Diego	¿Quién fuera, que tú no fueras?
Beatriz	Luego ¿vos no sois aquél que, trocando en criminal el civil pleito a que fue, a sala de competencias le llevasteis, donde, al ver en estrado, no en estrados, vuestra causa una mujer, en vista os condenó a muerte, de que ministro crüel fue cierto competidor?
Ginés (Aparte.)	(¿Cómo lo había de saber?

45

¡Hémosla hecho buena!)

Diego (Aparte.)   (¡Muerto
estoy!)

Ginés (Aparte.)   (¿Qué miras? Aun bien
que yo no he hablado palabra.)

Diego (Aparte.)   (¿Qué es esto que escucho?)

Ginés (Aparte.)   (Es
tu suceso de «pe» a «pa»,
sin quitar ni sin poner.)

Beatriz   Todo se sabe, don Diego;
y pues las razones veis
que tengo para ofenderme
de un traidor, aleve, infiel,
falso, engañoso, inconstante,
atrevido y descortés,
que me pasa por finezas
los agravios, no me habléis
otra vez en vuestra vida,
si no intentáis que otra vez
os dé a entender mi valor,
que hay en Valencia también
dama por quien pueda darse
la muerte a un hombre sin fe.

Diego   Mirad...

Beatriz   Mirad vos, don Diego,
que es tarde, y no será bien
que me cueste hoy el pesar

más que me costó el placer.
Idos pues.

Diego   Hasta dejaros
desengañada de que...

Juan (Dentro.)   ¿Cómo no hay aquí una luz?

Beatriz   ¡Ay infeliz! Este es
mi hermano.

Ginés   Pues ¿el hermano
cómo lo había de saber?

(Sale Inés.)

Inés   Señora, mi señor sube.

Diego   ¿Qué quieres que haga?

Beatriz   No sé.

Inés   Yo sí. Entrad en esta cuadra,
donde escondidos estéis
hasta que podáis salir.

Beatriz   ¡Qué infeliz soy!

Inés   Entrad pues.

Ginés   Yo tomo de buen partido
que dos mil palos me den.

(Escóndense don Diego y Ginés.)

Beatriz	Cierra la puerta hacia acá, porque no los puedan ver.
Inés	Ya está la puerta cerrada.
Juan (Dentro.)	Siendo ya al anochecer, ¿no hay luces en casa?

(Salen don Juan y don Carlos por una puerta, y doña Leonor con luces por otra.)

Leonor
                              Aquí
las luces están.

Carlos (Aparte.)
                      (Al ver
que es quien trae la luz Leonor,
ciego con la luz quedé.)

(A Beatriz.) Dadme, señora, a besar
la mano, si merecer

(Aparte.) (¡Ay Leonor! ¿Tú en este estado?)
puedo tanta dicha.

Beatriz
                           Aunque
con rendimientos, don Carlos,
desenojarme intentéis
del agravio que a esta casa
habéis hecho, no podréis.

Carlos
       Ya de ese agravio, señora,
con don Juan me disculpé.
El me disculpe con vos,
pues ya lo estoy yo con él.
Y aunque a vuestra casa hoy

no vengo a honrarme, creed
que en ella, para serviros,
mi alma y vida tenéis.

Juan   Ya tengo dicho a mi hermana
las razones que tenéis
para no honrarnos despacio.

Beatriz   Pues ya que de paso es
la dicha, dadme licencia
a que de paso también
os sirva como pudiere,
mal prevenida mi fe.
Aquí no estáis bien; entrad
en mi cuarto. ¡Hola, Isabel!

(Aparte.)   Alumbra a mi primo. (¡Cielos,
lástima de mí tened.)

(Vase.)

Leonor   Supuesto, señor don Carlos,
que he llegado a merecer
serviros hoy, ¿qué mayor
dicha, qué mayor placer?

Carlos   ¡Ay, Leonor! Si yo pudiera
dejarte servida, cree
que no quedaras sirviendo.

Leonor   Yo quedo, Carlos, más bien
que merezco, pues que soy
tan desdichada mujer
que no merezco de ti
que algún crédito me des.

Carlos	¿Creyó alguno lo que oye primero que lo que ve?
Leonor	Sí.
Carlos	Pues hizo mal.
Juan	Mirad que con extremos no deis alguna sospecha en casa.
Carlos	¿Quién puede dejar de hacer extremos, viendo a Leonor en el traje de Isabel?

(Vanse todos menos Inés. Salen al paño Ginés y don Diego.)

Ginés	Inés, ¿podremos salir?
Inés	No, que están al paso.
Ginés	Pues ¿qué hemos de hacer?
Inés	Esperar que el huésped se vaya.
Ginés	¿Quién es este huésped?
Inés	Un primo de casa. Yo volveré a sacaros; y si cierra

	mi amo la puerta, saldréis,
	cuando ya esté recogido,
	por ese balcón.

Ginés   ¿Bal-qué?

Inés   Balcón.

Ginés   Por no saltar yo,
            aun no danzo el salterén.
            Inés, disponlo de suerte
            que yo salga por mi pie,
            si es posible.

Diego   De cualquiera
            suerte lo dispon, Inés.

Ginés   Como tú ya estás, señor,
            enseñado a que te den,
            piensas que el salir no es nada.

Inés   Cerrad la puerta y no habléis.

Diego   Quién se vio en igual aprieto?

Ginés   Yo, sin qué ni para qué.

Inés   Gran cochiboda hay en casa.
            ¡Quiera Dios que pare en bien!

Fin de la primera jornada

Jornada segunda

(Salen don Carlos y Fabio.)

Carlos   ¿Está todo prevenido?

Fabio   Ya la ropa y las maletas
tengo aparejadas, solo
falta que las postas vengan.

Carlos   Más falta.

Fabio   ¿Qué es?

Carlos   Que don Juan
que hoy he de partirme sepa,
para que de él me despida.

Fabio   Pues ¿no sabe que hoy te ausentas?

Carlos   No; ni él ni Leonor lo saben;
que anoche aun no tenía esta
resolución.

Fabio   Pues yo iré
a avisarle.

Carlos   Aguarda, espera;
que él parece que ha tenido
de mi pensamiento nuevas,
pues a la posada viene
antes casi que amanezca.

(Sale don Juan.)

¿Tan de mañana, don Juan?
Pues ¿qué madrugada es ésta?

Juan   Lo mismo puedo deciros.
¿Dónde vais con tanta priesa?

Carlos   Anoche, cuando volví
de vuestra casa, en aquesta
posada supe que hay
en Vinaroz dos galeras
de Italia, y perder no quiero
la ocasión de irme con ellas,
porque no veo la hora
de hacer de Leonor ausencia;
que, aunque yo por verla muero,
muero también por no verla.
Y ya que queda segura,
tengo por la acción más cuerda
volver a todo la espalda.
Y así, con vuestra licencia,
don Juan, pienso partir hoy.

Juan   Si yo, don Carlos, pudiera
o concederla o negarla,
fuera muy gran conveniencia
de mi dolor poder antes
negarla que concederla.

Carlos   ¿Cómo?

Juan   Como me importara
deteneros en Valencia
unos días alma y vida.

Carlos	¡Fabio!
Fabio	¿Señor?
Carlos	Cuando vengan las postas, despediráslas.

(Vase Fabio.)

Ved, don Juan, con cuánta priesa
son vuestros preceptos, antes
que preceptos, obediencias.
¿Qué hay de nuevo?

Juan	¿Estamos solos?
Carlos	Sí.
Juan	Pues cerrad esa puerta.

(Cierra la puerta don Carlos.)

Carlos	Ya lo está. ¿Qué es esto?
Juan	Es

una desdicha, una pena
tan grande, Carlos, que solo
vos podéis de mi saberla
como mi amigo, porque
soy mitad del alma vuestra,
y como mi sangre, Carlos,
por ser en los dos la mesma.
Mirad cuánto de un día a otro

muda la inconstante rueda
de la fortuna las cosas.
Ayer en vuestras tragedias
venisteis de mí a valeros,
y hoy en las mías es fuerza
que yo me valga de vos.
¡Oh cuán villana, cuán necia
es mi desdicha, pues cobra
con tanta priesa la deuda!

Carlos   ¿Desde anoche acá hubo causa
que a tan grande extremo os mueva?

Juan   Después que anoche salisteis
de mi casa, porque en ella
ni vos quisisteis quedaros
ni yo quise haceros fuerza,
y después que con instancias
no dejasteis que viniera
con vos, traté recogerme;
y recorriendo las puertas
de mi casa, que es en mí
costumbre y no diligencia,
en mi cuarto me entré, donde
mil ilusiones diversas
me desvelaron —de suerte
que entre confusas ideas
apenas dormir quería,
cuando dispertaba a penas—
cuando oigo —¡tiemblo al decirlo!—
que en una cuadra de afuera
una ventana se abría.
Presumiendo que por ella
alguna criada hablaba,

quise averiguar quién era,
abriendo, sin hacer ruido,
de mi ventana la media;
pues, oyendo una razón
o tomando alguna seña,
sin escándalo podía
poner en el daño enmienda.
A nadie en la calle vi,
con que casi satisfechas
mis dudas se persuadieron
a que el viento hacer pudiera
el ruido. Pero ¡qué poco
dura el bien que un triste piensa!
Pues por el balcón a este
tiempo vi que se descuelga
un hombre. Acudí volando
a tomar una escopeta,
y por prisa que me di,
ya otro y él daban la vuelta
a la calle, a cuyo tiempo
cerraron, porque aun aquella
o tibia o fácil o vana
imaginación siquiera
de que eran ladrones no
me quedase, viendo que eran
cómplices del hurto iguales
los que huyen y el que cierra.
Quise arrojarme tras ellos,
mas, viendo con cuánta priesa
y ventaja iban, hallé
que era inútil diligencia.
Conocer quién era quise
la que vestida y despierta
a aquellas horas estaba,

y abriendo —iay de mí— la puerta
de mi cuarto, el de mi hermana
cerrado hallé; de manera
que llamar a él no era más,
pues todas en mi presencia
habían de alborotarse,
que, equivocando las señas,
el semblante de la culpa
ponérsele a la inocencia
y advertir para adelante;
siendo la acción menos cuerda
que hace un ofendido, cuando
no está en términos la ofensa,
darla a entender con decirla
para no satisfacerla.
Yo no he de hacer en mi casa
novedad; de la manera
que hasta aquí me vieron todos
me han de ver, tan sin sospecha
que hasta mi mismo semblante
sabré hacer que el color mienta.
Pero para este recato
tener un amigo es fuerza
afuera, si estoy en casa,
o en casa, si estoy afuera.
Pues si he de fiarme de otro,
¿de quién con mayor certeza
que de vos que, como dije,
sois mitad del alma mesma,
y como deudo y amigo
os toca tanto mi afrenta?
Y así, para averiguarlo,
oíd lo que mi pecho intenta.
Dentro de mi cuarto yo

tengo una cuadra pequeña
con libros y con papeles,
donde jamás sale o entra
criado alguno. Aquí escondido,
don Carlos... pero a la puerta
llaman.

(Llaman dentro.)

Carlos   Esperad. ¿Quién es?

Fabio (Dentro.)   Yo soy, señor; abre apriesa.

Carlos   Si ves que tengo cerrado,
¿por qué llamas?

(Sale Fabio.)

Fabio   Porque sepas
una grande novedad,
de que importa darte cuenta.

Carlos   ¿Qué es?

Fabio   Estando de esta casa
esperándote a la puerta,
llegó de camino el padre
de Leonor, a ver si en ella
posada había.

Carlos   ¿Qué dices?

Fabio   Lo que he visto; considera
si es cosa para que oculta

	un instante te la tenga,
	y más habiéndole dicho
	que sí, y apeádose ahí fuera,
	donde te ha de ver, si sales.

Carlos	¿Hay desdicha como ésta?
	Sin duda en mi seguimiento
	y de Leonor a Valencia
	viene.

Juan	¿Conóceos él?

Carlos	Sí.

Juan	Pues mira tú cuándo pueda
(A Fabio.)	salir de aqueste aposento
	don Carlos, sin que le vea,
	y avisa.

Fabio	Ahora podrá;
	que él en el cuarto se entra
	que le han dado.

Juan	Pues salgamos
	de aquí una vez; que allá fuera
	veremos qué hemos de hacer.

Carlos	Salgamos, don Juan, apriesa.

Juan	Vamos a mi casa, adonde
	ya es de los dos conveniencia
	estar en ella escondido.

Carlos	¡Qué de temores me cercan!

Juan	¡Qué de cuidados me afligen!
Carlos	¡Ay, Leonor, lo que me cuestas!

(Vanse. Salen doña Beatriz e Inés..)

Beatriz
Inés, nada me digas;
que a más dolor mi sentimiento obligas.

Inés
Pues, habiendo salido
del empeño de anoche tan sin ruido
que, sin que en casa nadie lo sintiera,
a don Diego y Ginés echamos fuera,
¿qué es lo que ahora te aflige?

Beatriz
Tú de mi llanto mi pasión colige.
¿Qué importa que saliesen,
sin que mi hermano ni Isabel los viesen,
si después mis desvelos
quedaron sin temor, mas no sin celos?
¿Viste, Inés, en tu vida
desvergüenza mayor que la fingida
confianza y tristeza
con que a significarme la fineza
que ausente había tenido
llegó don Diego, habiendo yo sabido
cuanto le había pasado
en Madrid, de otra dama enamorado?

Inés
Él no nos oye ahora,
y así por él he de volver, señora.
¿Qué querías que hiciera
en Madrid, que es el centro y es la esfera

de toda la lindura,
el aseo, la gala y la hermosura,
un caballero mozo
que le apunta el dinero con el bozo
y está, cuando más ama,
cincuenta y tantas leguas de su dama?
Ya pagó su pecado
bastantemente en cas de aquella moza,
puesto que, sin venir de Zaragoza,
vino descalabrado;
y así, aunque Amor en tu opinión le culpa,
en la mía la ausencia le disculpa.

Beatriz   No son mis celos, no, tan poco sabios
que no sepan, Inés, que los agravios
que tocan en el gusto y no en la fama
tienen perdón en quien de veras ama;
y si verdad te digo,
diera por verle disculpar conmigo...
No sé lo que me diera.
¡Loca estoy, muerta estoy!

Inés   Aguarda, espera;
que si ése es tu deseo,
yo te lo cumpliré, pues nada creo
que embarazarnos puede
que, cuando te entre a ver, aquí se quede.
No hay ya que hacer extremos,
pues que la escapatoria [nos] sabemos.

Beatriz   Sí, pero no quisiera
que mi amor tan rendido conociera,
Inés, que imaginase
que yo sobre mis quejas procurase

a sus disculpas la ocasión.

Inés   A todo
remedio hay.

Beatriz   ¿De qué modo?

Inés   De este modo;
yo le diré que estás tan enojada,
tan ofendida y tan desesperada
que una y doscientas veces me has mandado
no admitir papel suyo ni recado;
mas que, no obstante, solo por hacelle
gusto, me he de atrever...

Beatriz   ¿A qué?

Inés   A ponelle
donde te pueda hablar; con que consigo
tres cosas: la una, que él se vea contigo;
la otra, que tú rogarle no parezca;
y la otra, que él a mí me lo agradezca.

Beatriz   Inés, yo estoy celosa; cuerda eres;
harto he dicho; haz tú allá lo que quisieres;
y en esta parte más no discurramos,
porque Isabel no entienda lo que hablamos.

(Sale doña Leonor con unos lazos en una bandeja.)

Leonor   Aquestas son, señora,
las flores que mandaste hacer.

Beatriz   Ahora

gusto, Isabel, no tengo para nada;
yo las veré después.

Leonor   ¡Qué poco agrada
quien sirve sin estrella!

Beatriz   Menos agrada quien amó sin ella.

(Vase.).

Leonor   ¿Qué es esto, Inés? ¿Qué tiene nuestra ama?

Inés   Esto es, amiga, reventar de dama.
Tiene una hipocondría
con que de una hora a otra cada día
muda mil pareceres.
Oye, ve y calla, si agradarla quieres.

(Vase.).

Leonor   Harto oigo y harto veo
y harto callo también. Loco deseo,
¿para qué neciamente
persuadirme procuras que aquí, ausente
de mi casa, mi patria y padre, puedo
perder ya más a mi desdicha el miedo,
si está tan cerca el daño
que es locura aguardar el desengaño,
y me pone tan lejos la esperanza
que es locura tener la confianza
en lo instable del tiempo? Pues decía
uno que enfermo de mi mal estaba:
«¡Ay triste del que fía
su cura al tiempo!», porque examinaba

que es remedio, aunque sabio, tan incierto
que ya el mal le había muerto
cuando a curarle el médico llegaba,
matando mil para uno que sanaba.
¿Quién jamás se habrá visto
—¡mal el dolor, mal la pasión resisto!—
en tan mísero estado
como yo, sin haber —¡ay de mí!— dado
ocasión a fortuna tan tirana,
pues nunca fue...?

(Sale don Juan.)

Juan   Isabel, ¿qué hace mi hermana?

Leonor   En su cuarto, señor —¡oh pena fuerte!—
está.

Juan   Pues hablaréte de otra suerte,
si sola estás. ¿Qué hacías, Leonor bella?

Leonor   Lo que siempre: quejarme de mi estrella.
¿Has visto a Carlos?

Juan   Sí; porque no fuera
justo...

Leonor   ¿Qué?

Juan   Que sin verle se partiera.

Leonor   Luego ¿ya se ha partido?

Juan   Sí, Leonor.

Leonor	¿Sin haberse despedido de mí? ¡Qué poco a sus finezas debo!
Juan	No, Leonor, con afecto ahora nuevo dejes tu entendimiento fácilmente llevar del sentimiento. Yo estoy en guarda tuya, y no sin causa tu discurso arguya que, de mí defendida, por ti he de aventurar honor y vida.
Leonor	No dudo esa fineza de tu valor, tu sangre y tu nobleza; y porque sepas cuánto, don Juan, fío de tan hidalgo y noble ofrecimiento, puesto que el pecho mío no es posible negarse al sentimiento, dame, señor, licencia para que en tanta pena, en dolor tanto me retire a llorar de tu presencia; que no es razón que descortés mi llanto pierda a tus confianzas el decoro. No llore yo, sabiendo tú que lloro.
(Vase.)	
Juan (Aparte.)	(¡Qué cuerdamente decía aquel sabio que entre el ver padecer y el padecer ninguna distancia había! Díjela que se había ido Carlos, que encerrado ya dentro de mi cuarto está,

            porque él y yo hemos querido
            que nadie sepa este grave
            empeño; porque en efeto
            ninguno guarda un secreto
            mejor que el que no le sabe.
               Fuera de que, estando aquí
            hoy el padre de Leonor,
            para todos es mejor.)
            ¡Carlos!

(Sale don Carlos.)

Carlos   ¿Estáis solo?

Juan   Sí;
            que no entrara acompañado.

Carlos   ¿Habéis hablado a Leonor?

Juan   Sí, Carlos; y de su amor
            y de su virtud me han dado
               bastante satisfacción
            sus lágrimas. Ha sentido
            pensar que os habéis partido
            con tan discreta pasión
               que he llegado a persuadirme,
            aunque el indicio la culpa,
            que ella está, Carlos, sin culpa.

Carlos   Poco tenéis que decirme
               en eso; pero aunque yo
            el desengaño deseo,
            mientras no le toco y veo,
            ¿tengo de creerle?

Juan	No.
Carlos	Luego hablar de él es error, supuesto que en mis recelos han de ir borrando los celos cuanto pintare el amor.
	¿Dijisteis que había venido su padre?
Juan	No; que no fuera justo que más la afligiera de lo que está.
Carlos	Bien ha sido.
	¿Y qué mandasteis a Fabio?
Juan	Que en la posada esté, pues él conocido no es, para que leal y sabio siempre a la mira estuviese del padre, y que procurase penetrar cuanto intentase.
Carlos	Medio muy frívolo es ése; que claro es que él no dirá a nadie a lo que ha venido.
Juan	Con todo eso... Mas ¿qué ruido es éste?

(Dentro hay ruido, y don Carlos mira por la cerradura de la puerta.)

Carlos	Ser cierto ya,

	don Juan, el lance mayor
	que sucedernos pudiera.
	Quien sube por la escalera
	es el padre de Leonor.

Juan   ¿Qué decís?

Carlos   Que yo por esa
llave le vi y conocí.

Juan   ¿El padre de Leonor?

Carlos   Sí.

Juan   Pues retiraos apriesa
vos a esa cuadra, que yo
a recibirle saldré,
y lo que intenta sabré.

Carlos   Deteneos, eso no;
que no es, adonde Leonor
y yo estamos, venir él
lance tan poco crüel
que permita mi valor
dejaros.

Juan   Pues siempre os queda
libre el paso a acción igual,
no anticipemos el mal;
dejémosle que suceda.
Escuchémosle primero;
retiraos de aquí.

Carlos   Sí haré;

pero a la mira estaré.

(Escóndese; abra la puerta don Juan, y sale don Pedro, vestido de camino.)

Juan
¿A quién buscáis, caballero?

Pedro
Suplícoos que me digáis,
pues por caballero os toca
honrarme, si don Juan Roca
en casa está.

Juan
¿Qué mandáis?
Que yo don Juan Roca soy.

Pedro
Que vuestros brazos me deis,
pues que vos solo podéis
ser de mis fortunas hoy
puerto, a cuya confianza
todas mis penas entrego,
cuando a vuestra casa llego
a lograr una esperanza,
seguro de que ha de hallar
mi infeliz tirana estrella
todo cuanto busco en ella.

Carlos (Al paño.)
(¿Qué más se ha de declarar?)

Juan (Aparte.)
(Sin duda que ya ha sabido
que don Carlos y Leonor
están aquí.) Yo, señor,
a mi suerte agradecido
estoy, cuando así me honráis.
Pero es fuerza padecer
mil dudas hasta saber

quién sois y qué me mandáis.

Pedro   Sentaos y quién soy, señor,
                 de aquésta sabréis primero;

(Dale una carta.)

                 luego sabréis lo que espero
                 fiar de vuestro valor.

Juan   Del marqués mi señor es
(Aparte.)   la carta. (¡Dudando estoy!)

Pedro   Leed, sabréis de ella quién soy,
                 y mi pretensión después.

Juan   «El señor don Pedro de Lara, mi pariente y
                 amigo, va a esa ciudad en seguimiento
                    [de un hombre
                 de quien importa a su honor satisfacerse.
                    [Mi poca
                 salud no me da lugar a acompañarle, pero
                 fío que, donde vos estáis, no le
                 hará falta mi persona. Y así os
                 pido, que su ofensa es mía y su
                 satisfacción corre por mi cuenta. Dios os
                 guarde. El Marqués de Denia.»

                 Lo que me escribe el marqués
                 mi señor habéis oído;
                 lo que yo respondo a esto
                 es que aquí para serviros
                 me tenéis a todo trance.

Pedro	¡Guárdeos Dios! que así lo fío
	de las noticias que traigo
	y de las partes que miro
	en vos, con cuyo resguardo
	solo y secreto he venido,
	en confianza no más
	desa carta; porque dijo
	el marqués que en vos tendría
	mi honor valedor y amigo
	por muchas obligaciones
	que a su casa habéis tenido.
Juan	Todas las confieso, y todas
	veréis en vuestro servicio
	empleadas igualmente.
	Pero para esto es preciso
	saber, señor, la ocasión
	que a Valencia os ha traído.
(Aparte.)	(Apuremos de una vez
	todo el veneno al peligro.)
Pedro	Yo lo diré, si es que yo
	puedo acabarlo conmigo.
	Noble soy, don Juan, y sobre
	ser noble estoy ofendido.
	Mi enemigo está en Valencia;
	tras él vengo; harto os he dicho.
Juan	Y yo lo he entendido todo
	tan bien ya como vos mismo.
Pedro	Discreto sois, y así solo
	quiero que estéis prevenido
	para cuando yo os avise

de que de vos necesito.

(Levántase.)

Juan   Esperad; que falta más.

Pedro   Decid ¿qué falta?

Juan   Advertiros
                        de que yo tengo en Valencia
                        deudos, parientes y amigos;
                        y así, sin saber quién es,
                        don Pedro, vuestro enemigo,
                        ni el marqués puede mandarme
                        cosa contra el valor mío,
                        ni yo ofrecer favor que
                        resulte contra mí mismo.

Pedro   De vuestra sangre y cordura
                        ha sido reparo digno
                        y, aunque sea contra mí,
                        os lo agradezco y estimo;
                        y para que no dejemos
                        el escrúpulo indeciso,
                        ¿qué tenéis con un don Diego
                        Centellas?

Juan   Ser conocido
                        mío no más.

Carlos (Aparte.)   (Éste es
                        aquel competidor mío.)

Pedro   Según eso, ya el reparo

es ninguno.

Juan   Así lo afirmo.

Pedro   Pues éste una noche —¡ay triste!
                   ¡con qué dolor lo repito!—
                   quedó por muerto en mi casa,
                   con que no pudo mi brío
                   satisfacerse; que fuera
                   villano rencor, indigno
                   de mi valor, emplear
                   en un cadáver los filos
                   de mi vengativo acero;
                   pero no tan vengativo
                   que vida no diera muerto
                   a quien diera muerte vivo.
                   Llegó justicia, y yo alcé
                   la mano al instante mismo
                   a venganzas y querellas,
                   porque no fuera bien visto
                   que hombre como yo tratara
                   de vengarse por escrito.
                   Entre el alboroto huyó
                   una hija mía... Al decirlo
                   me embaraza la vergüenza.
                   ¡Mal haya el primero que hizo
                   ley tan rigurosa, pacto
                   tan vil, duelo tan impío,
                   y entre el hombre y la mujer
                   un tan desigual partido
                   como que esté el propio honor
                   sujeto al ajeno arbitrio!
                   Huyó, digo, de mi casa,
                   y aunque de aqueste delito

74

fueron dos los agresores,
a este con dos causas sigo.
La primera, que no sé
del otro; y así es preciso
que aquél, de quien sé primero,
pruebe primero el castigo.
La segunda, que, viniendo
ahora por el camino,
que un caballero venía
recatado y prevenido
con un criado y una dama
en mil posadas me han dicho;
y por las señas es ella;
que, habiendo él convalecido
y ella faltado, es muy fácil
presumir que se ha valido
de él en su fuga; y así,
con este segundo indicio,
más irritado le busco
y más osado le sigo,
para que así se reparen
las ruinas del edificio
de mi honor, que está por tierra,
o para que vengativo
haga que aun éstas no queden,
sin que los incendios vivos
de mi pecho les abrasen.
Y pues mi agravio os he dicho,
y ya no hay inconveniente
en ayudar mis designios,
después volveré a buscaros;
que ahora de vos me retiro
a hacer otra diligencia
de que os vendré a dar aviso,

como a quien ya desde aquí
mi amparo ha de ser y asilo,
no tanto porque a ello os mueva
la carta que os he traído,
cuanto por la obligación
en que os pone haberme visto
dar lágrimas a la tierra
y dar al cielo suspiros.

(Vase. Sale don Carlos.)

Carlos   ¿Quién en el mundo se vio
en las dudas que me miro?

Juan   Vamos recorriendo, Carlos,
lo que nos ha sucedido.

Carlos   Vos tenéis en vuestra casa
a la dama de un amigo.

Juan   Hija de un hombre que hoy
a valer de mí se vino.

Carlos   El amigo está también
en vuestra casa escondido.

Juan   Y a efecto de que me ayude
a vengar agravios míos.

Carlos   El enemigo que aquél
busca es también mi enemigo.

Juan   Y yo, de todos prendado,
no sé a qué me determino;

de Leonor, porque es mujer;
de vos, porque sois mi primo;
por el marqués, de don Pedro;
y de mi honor, por mí mismo.
¿Qué puedo hacer?

Carlos   Resolveros
a que el tiempo ha de decirlo,
obrando en los lances como
se vinieren sucedidos.

Juan   Pues si habemos de esperarlos,
Carlos, no hay que prevenirlos;
que ellos vendrán; y hasta entonces
vos, en mi cuarto escondido,
sed de mi honor centinela,
en tanto que yo advertido
haga la deshecha fuera
de que sin cuidado vivo.

Carlos (Aparte.)   Pues adiós. (¡Piadosos cielos...!)

Juan (Aparte.)   Adiós, pues. (¡Cielos divinos...!)

Carlos (Aparte.)   (¡...sacadme de tantas penas!)

Juan (Aparte.)   (¡...negadme a tantos peligros!)

(Vanse cada uno por su puerta, y don Carlos se cierra por dentro. Salen don Diego, y Ginés cojeando.)

Diego   Tú has de ir.

Ginés   Yo no he de ir.

Diego	¿Por qué?
Ginés	Porque la más singular razón que hay para no andar es tener quebrado un pie.
Diego	¡Válgate Dios, qué notable estás!
Ginés	Para entre los dos me acuerda el «válgate Dios» cierto cuento razonable.
	En un pozo un portugués cayó. Al verlo dijo un hombre: «¡Válgate Dios!». Y él de abajo le respondió: «¡Já nao pode!».
	Fácil es la aplicación, y a propósito ha venido, si es lo mismo haber caído de pozo que de un balcón.
Diego	¿Yo también no salté, y no me hice daño?
Ginés	Pues ¿qué quieres, si tú quebradizo no eres y soy quebradizo yo?
Diego	Tu poca maña condeno.
Ginés	Estreno, señor, de pies,

malo para uno es
lo que para otro es bueno.
  Con hambre y cansancio un día
a una posada llegó
cierto fraile, y preguntó
a la huéspeda qué había
  que comer? «Si una gallina
no mato —le dijo ella—,
nada hay.» «¿Quién podrá comella
—respondió con gran mohina—,
  acabada de matar?»
«Tierna estará —replicó
la huéspeda—, porque yo
sé un secreto singular
  con que se ablande.» Y cogiendo
la polla, que viva estaba,
vio que los pies la quemaba,
con que a nuestro reverendo
  muy blanda le pareció,
y aunque el hambre pudo hacello,
atribuyéndolo a aquello,
en la cama se acostó.
  Estaba la cama dura,
tanto que le tenía inquieto;
y él, cayendo en el secreto,
pegarla a los pies procura
  la luz. Dijo, al ver la llama,
la huéspeda: «¿Padre, qué es
eso?». Y el dijo: «Nuestra ama,
porque se ablande la cama,
quemo a la cama los pies».

  Así no te dé mohina
que en los dos haga el secreto

su efeto, porque en efeto
tú eres paja y yo gallina.

Diego   Por más que tu voz me diga,
no has de escaparte, Ginés,
de ir a ver a Inés.

Ginés   ¿Inés
no es una fiera enemiga
    que anoche, con mil rigores,
tras tenernos a un rincón,
nos vació por un balcón
al fin, como servidores?
        ¿Yo suyo, y tú de su ama?
Pues ¡vive Dios, de no vella
en mi vida...!

Diego   Antes por ella
se aseguró vida y fama
    de Beatriz, y agradecido
debo a la fineza ser.

Ginés   Yo no, que aun agradecer
no puede un hombre caído.

Diego   Ya es notable tu extrañeza.

Ginés   Pues ¿no quieres que me enoje,
señor, si a los dos nos coge
tu amor de pies a cabeza?

Diego   Por mí has de ir allá.

Ginés   Yo iré;

                                        pero por partido tomo
                                        traerte mal despacho.

Diego   ¿Cómo?

Ginés   Como voy con muy mal pie.

Diego   En esta esquina te espero.

Ginés   Poco tendrás que esperar,
                                        si solo a Inés has de hablar.

Diego   ¿Por qué?

Ginés   Porque, a lo que infiero
                                          del traje, el brío y el talle,
                                        es ella la que salió
                                        de su casa.

Diego   Ella es, y no
                                        quisiera hablarla en la calle.
                                          Dila que en este portal
                                        estoy, que se llegue aquí.

(Retírase junto al paño. Sale Inés con manto.)

Inés (Aparte.)   (Desde la ventana vi
                                        a don Diego, y aunque es tal
                                          mi temor, le hablaré; pues,
                                        fiada en la industria mía,
                                        mi ama echadiza me envía.)

Ginés   ¿Qué importa, traidora Inés,
                                          lo tapadillo, si el brío

va diciendo a voces que eres
coliflor de las mujeres?

Inés   ¿Qué es aquesto, Ginés mío?

Ginés   Esto es cojear.

Inés   Ya lo veo.
               Pero ¿de qué achaque es?

Ginés   De un achaque tuyo, Inés.

Inés   Mientes como un cojifeo.

Ginés   Mi achaque fue tu balcón;
               luego claramente arguyo
               que es mi achaque achaque tuyo.

Inés   Negara la conclusión,
                  a no ir en cas de Violante
               a un recado; y no quisiera
               que contigo hablar me viera
               nadie de casa.

Ginés   Al instante
               que te hable mi señor
               en esta parte, no más
               que una palabra, te irás.

Inés   Aqueso fuera peor;
               que si mi ama supiera
               que le hablaba, me matara.

(Llega don Diego.)

82

Diego	¿Por qué, Inés?
Inés	Porque es tan rara su cólera y es tan fiera la ira que tiene contigo, que no tomar me ha mandado papel tuyo ni recado.
Diego	Pues, Inés, ¿tanto castigo para quien la adora?
Inés	Darte quisiera ahora...
Diego	¿Por qué? Di.
Inés	...porque no adores aquí y ofrezcas en otra parte.
Ginés	Si cesa la indignación con decir los enojados: «Mandaré a cuatro criados que os echen por un balcón» y ella, con mandarlo a una sola criada, nos echó tan a la letra que yo voy cojeando, ¿mi fortuna qué más quiere?
Diego	¿Tú también eres, Inés, contra mí?
Inés	Esto que te digo aquí

sé allá disfrazar más bien;
que sabe Dios si me cuesta
más de dos pesares ya
disculparte.

Diego
                        Pues si está
tanto en mi favor dispuesta
tu voluntad, haz, Inés,
que solo un instante vella
pueda yo.

Inés
                    En eso está ella.

Diego
            Y fía de mí, después
de esto, que ahora te da
mi amor la satisfacción.

(Dale un bolsillo.)

Inés
            Para mí excusadas son
estas cosas.

Ginés
                    ¡Claro está!

Inés
            Y porque veas que tengo
gana de servirte, haré
una cosa: yo diré
que ya del recado vengo,
    y pues ya empieza a cerrar
la noche, y mi amo está fuera,
tú a solo que yo entre espera;
que, dejándome al entrar
    la puerta abierta...

Diego	¡Ay Inés! ¡Hoy nueva vida me das!
Inés	...entrarte tras mí podrás, y obre fortuna después.
Diego	Dices bien, y yo te sigo.
Ginés	¡Ay Inés, lo que te quiero!
Inés	¿Habla vusted, caballero, con el bolsillo o conmigo?
Ginés	Con quien quisieres que sea; mas ponle a mi parte nombre.
Inés	Quita; que no hablo yo a hombre que sé de qué pie cojea.
Diego	Sígueme, Ginés.
Ginés	¿Yo?
Diego	Sí.
Ginés	¿Adónde?
Diego	Conmigo ven.
Ginés	El diablo me lleve, amén, si yo pasare de aquí. ¿Qué me quieres encerrado? Si es por saltar uno más, en la calle me hallarás,

y haz cuenta que ya he saltado.

Diego

Ese temor me ha advertido
que irme solo es lo mejor.

Ginés

Es muy cuerdo ese temor,
y haz cuenta que ya he partido.

(Vanse. Salen doña Beatriz y doña Leonor.)

Beatriz

Haz que pongan unas luces,
Isabel, en esa cuadra,
y espera, en tanto que yo,
de la labor enfadada,
me divierto en esta reja
un rato.

Leonor
(Aparte.)

Haré lo que mandas.
(Malo es servir, y peor
servir con desconfianza.
Recatándose de mí
siempre Beatriz e Inés andan;
una salió fuera y otra
aquí debe de esperarla.
Quiero dar lugar, pues sé
en qué estos secretos paran,
a que hablen; yo me acuerdo
cuando solía en mi casa
tener el mismo recato
y la misma confianza
de unas y de otras que entonces
me servían. ¡Basta, basta,
memoria! Y pues ahora sirves,
Leonor, oye, mira y calla.)

(Vase. Sale Inés.)

Inés   No dirás que me he tardado.

Beatriz   Por saber lo que te pasa
                        con don Diego, estoy, Inés,
                        esperando en esta sala.
                        ¿Qué ha habido?

Inés   Que el papel
                        no ha echado perder la traza.
                        Tras mí viene, sin que entienda
                        que tú, señora, le llamas.
                        No hay sino hacer ahora el tuyo,
                        mostrándote muy airada,
                        y conmigo la primera.

(En otro tono.)

Beatriz   Inés, mira quién andaba
                        ahí afuera.

Inés   ¡Ay, señora! Un hombre...

Beatriz   ¿Quién así...?

(Sale don Diego.)

Diego   Quien a tus plantas,
                        hermosa Beatriz, ofrece
                        una y mil veces el alma.

Beatriz   ¿Qué es esto, Inés?

Inés   Yo, señora,
la puerta dejé cerrada.

Beatriz   Mientes; que ésta es traición tuya.
No has de estar una hora en casa.

Diego   ¿Para qué riñes a Inés,
Beatriz, si yo soy la causa
de tu enojo? En mí tus iras
se rompan y se deshagan;
que yo no quiero más premio
que solo darte venganzas.

Beatriz   Señor don Diego, bien estas
demasías excusadas
pudieran estar, sabiendo
cuánto es hoy vuestra esperanza
para conmigo imposible.

Diego   Siempre lo fue; que mis ansias
nunca, Beatriz, presumieron
que mereciesen lograrla.

Beatriz   Sí; mas nunca menos que hoy.

Diego   ¿Por qué?

Beatriz   Porque es muy contraria
política del amor
que merezca quien agravia.

Diego   Disculpar esa sospecha
pretendo.

Beatriz	Mal disculparla podréis.
Diego	Quizá bien.
Beatriz	Don Diego, la hora es muy aventurada. Aquesa puerta está abierta, muy dispuesta mi desgracia. Idos, no queráis perderme.
Diego	De dos suertes, ya que alcanza esta ocasión mi deseo, no tengo de despreciarla. En oyéndome, me iré.
Beatriz	Inés, esa puerta guarda, ya que es fuerza que le oiga, a precio de que se vaya.

(Vase Inés.)

Diego	Yo salí, Beatriz hermosa, de Valencia...

(Vuelve a salir Inés muy asustada.)

Inés	¡Ay, desdichada!
Beatriz	¿Qué es eso?
Inés	Mi señor viene.

Beatriz	¡Triste de mí!
Inés	Ea, ¿qué aguardas? Del aposento de anoche hoy el sagrado nos valga.
Diego	¡Qué desdichado que ha sido siempre mi amor!

(Escóndese.)

Beatriz	¡Qué tirana ha sido siempre mi estrella!
Inés	¿Qué te turbas y desmayas? No temas; que mi señor no trae recelo de nada, pues entra en su cuarto antes que en el tuyo.
Beatriz	¡Ay, Inés, cuánta es mi pena!

(Salen don Carlos y don Juan a la puerta.)

Juan (Aparte.)	(Yo venía, Carlos, como digo, a casa cuando vi que un hombre en ella entró. En la calle me aguarda, y por ventana ni puerta dejes que ninguno salga.)
Carlos (Aparte.)	(Entra, y fía que seguras tienes, don Juan, las espaldas.)

(Vase.)

Juan	¡Beatriz!
Beatriz	¿Hermano?
Juan	¿Qué hacías?
Beatriz	Aquí con Inés estaba.
Juan	Está bien.
Beatriz	¿Adónde vas?
Juan	¿Es novedad que en mi casa entre yo donde quisiere?
Beatriz	No lo es, pero extraño...
Juan	¡Aparta!
Beatriz	...el modo de hablarme.
Juan	¡Quita de delante!
Beatriz (Aparte.)	(¡Peña extraña!)
Diego (Al paño.)	(Hacia este aposento viene. Salida tiene a otra cuadra; quiero ver si más seguro lugar mis recelos hallan.)

(Entrase.)

Juan	(De esta suerte he de salir
(Aparte.)	de una vez de dudas tantas.)

(Entra tras don Diego, sacando la espada.)

Beatriz
Para entrar al aposento
—¡ay de mí!— la espada saca.

Inés
Muertes de hombre ha de haber.

Beatriz
Inés, la suerte está echada.

Inés
Y echada a perder, señora.

Beatriz
Sin vida estoy y sin alma.

Inés
Pues cualquiera de ellas es
importantísima alhaja,
¡huyamos!

Beatriz
Aun para huir
aliento y valor me falta.

Inés
Don Diego del aposento
salió, pues que no se halla
en él.

Leonor (Dentro.)
¡Ay de mí infelice!

Beatriz
Pasando de cuadra en cuadra,
dio adonde estaba Isabel.
Ella de verle se espanta,

y huyendo de él, hasta aquí
viene. A este lado te aparta.

(Retíranse las dos. Sale doña Leonor con luz y, tras ella, don Diego.)

Leonor   Hombre que más me pareces
sombra, ilusión o fantasma,
¿qué me quieres? ¿No bastó
el echarme de mi casa,
sino también de la ajena?

Diego   Mujer que más me retratas
fantasma, ilusión o sombra,
¿mis desdichas no me bastan,
sin las que tú ahora me añades,
pues segunda vez me matas?
Pero no; pues hoy...

(Sale don Juan.)

Juan   En vano,
aunque el centro en sus entrañas
te esconda, podrás...¿Don Diego?

Diego   Detened, don Juan, la espada;
que, aunque vuestra casa está
en esta parte agraviada,
no vuestro honor; y si puedo
satisfacer con palabras
al empeño, mejor es;
pues es cosa averiguada
que es la venganza mejor
no haber menester venganza.

Juan (Aparte.)   (Don Diego Centellas es.
                        Con Leonor está. Aquí hallan
                        mis sospechas el mejor
                        desengaño. ¡Albricias, alma!
                        Que, aunque ésta es desgracia, es
                        más tolerable desgracia.)

Beatriz (Aparte.)   (Suspenso el acero al verle
                        se quedó; oye lo que hablan.)

Diego   Yo, don Juan, amé en la corte
                        a Leonor, que es esta dama,
                        en cuya casa una noche
                        me sucedió una desgracia.
                        Vine a Valencia y, teniendo
                        noticia que en vuestra casa
                        estaba...

Leonor (Aparte.)   (¡Ay de mí!)

Diego   ...esta noche
                        me atreví a entrar aquí a hablarla.

Beatriz (Aparte.)   (¡Qué buena disculpa, Inés,
                        si ahora Isabel conformara
                        con ella! Haz señas que diga
                        que sí, que es ella la dama.)

(Hace Inés señas a doña Leonor.)

Leonor   Don Juan, cuanto aquí has oído
                        es verdad. Don Diego es causa
                        de mi fortuna, y por quien
                        desterrada de mi patria,

94

de mi padre aborrecida,
de mi esposo despreciada,
en este estado, este traje
vivo, sirviendo a tu hermana.

Inés (Aparte.)   (La seña entendió.)

Beatriz (Aparte.)   (Y lo finge
tan bien que aun a mí me engaña.)

Leonor   Pero diga él si yo aquí
ni allá le di...

Juan   ¡Calla, calla!

Leonor   ...ocasión...

Juan   ¡No te disculpes!
(Aparte.)   (¿Hay mujer más desgraciada?)

Inés (Aparte.)   (Mucho la debes, señora,
pues se culpa por tu causa.)

Beatriz (Aparte.)   (Solo que lo haya creído
mi hermano es lo que nos falta.)

Juan (Aparte.)   (¿Qué haré? Que, aunque esté seguro
yo, que lo esté Carlos falta.)

(Sale don Carlos, y quédase al paño.)

Carlos   Habiendo en la calle oído
ruido acá dentro de espadas,
dejo la puerta y a hallarme

(Aparte.)   vengo, don Juan... (Mas las armas
                       tienen suspensas los dos.
                       Desde aquí oiré lo que tratan;
                       que quizás será su honor
                       conveniencia a la desgracia.)

Diego   Ésta es vuestra ofensa; y pues
                       a ser agravio no pasa,
                       mirad si os estará bien
                       o remitirla o vengarla.

Juan   Don Diego, vuestras disculpas
                       convienen con señas varias
                       que yo tengo de Leonor.

Carlos (Aparte.)   (¿Qué escucho? ¡Pena tirana!
                       A Leonor nombró y don Diego.)

Juan   Pero una pregunta falta.
                       ¿Es ésta la primer noche
                       que aquí habéis entrado a hablarla?

Diego (Aparte.)   (Malicia trae la pregunta;
                       por sí o por no, he de salvarla.)
                       No; que anoche entré por esa
                       puerta y por esa ventana
                       salí. Sabida la culpa,
                       ¿qué importa la circunstancia?

Juan   Importa más que pensáis.

Carlos (Aparte.)   (¡Contra mí es contra quien paran
                       los celos de don Juan, cielos!)

96

Beatriz (Aparte.)   (Ya que lo ha creído, salga
                     yo ahora.) Pues ten de mí,
                     don Juan, la desconfianza,
                     y mira lo que me envía,
                     para servirme, tu dama.

(A Leonor.)

(Aparte.)   (Perdona, amiga, y prosigue.)

Leonor (Aparte.)   (No entiendo lo que me mandas.)

Juan   No es tiempo deso, Beatriz;
                     pues aunque con señas tantas
                     me satisfaga don Diego,
                     estar Leonor en mi casa
                     por orden de quien a ella
                     la envió, a mí no me saca
                     de la obligación en que
                     me pone mi sangre hidalga;
                     y así, aunque por ella venga
                     y no por ti, eso me basta
                     para que el atrevimiento
                     castigue yo.

(Sale don Carlos.)

Carlos   Aquesa instancia,
                     pues me toca a mí el sentirla,
                     también me toca el vengarla.

Leonor (Aparte.)   (¿Qué miro? ¿Carlos aquí?
                     ¡Esto solo me faltaba!)

Diego	Pues ¿quién sois vos, que queréis tomar ahora la demanda?
Carlos	Bien pudierais concocerme; que razones tenéis hartas. Yo soy aquél que por muerto os dejó, y ahora trata acabar lo que empezado dejó entonces.
Leonor (Aparte.)	(¡Pena extraña!)
Diego	Antes pienso que venís a que yo tome venganza hoy de todo.
Juan	A vuestro lado, Carlos, estoy.
Diego	No me espanta la ventaja de los dos.
Ginés (Dentro.)	Aquí son las cuchilladas. Entrad todos.

(Sale Ginés y gente.)

Todos	¿Qué es aquesto?
Beatriz (Aparte.)	(Inés, esas luces mata, por si podemos así excusar desdichas tantas.)

(Apaga Inés la luz, y riñen.)

98

Ginés	Nadie tire, estando a oscuras.
Juan	Ved todos que ésta es mi casa.
Ginés	Encienda usted una luz, y lo verán.
Leonor	¡Qué desgracia!
Diego (Aparte.)	(La puerta hallé. Esto no es volver al riesgo la cara, sino fiar a mejor ocasión mis esperanzas.)

(Vase.)

Beatriz (Aparte.)	(A mi cuarto me retiro llena de confusas ansias.)

(Vase.)

Inés (Aparte.)	(Tan buena hacienda hemos hecho que, de puro buena, es mala.)

(Vase.)

Ginés	Señor, ¿dónde estás? Que ya el cirujano te aguarda.
Carlos	¡Muere, traidor!
Ginés	¡Muerto soy! Que mandarlo vusted basta.

(Aparte.)   (El diablo que más espere
                       a que de veras lo hagan.)

(Vase.)

Uno   Muerto está uno; por si viene
                       justicia, de aquesta casa
                       salgamos; huyamos todos.

(Vase la gente.)

Juan   ¡Hola! Aquí unas luces saca.
                       Mas yo por ellas iré.

(Vase.)

Leonor (Aparte.)   (De confusa y de turbada,
                       tropezando en mis desdichas,
                       de aquí no muevo las plantas.)

Carlos   El puesto he de sustentar;
                       que, aunque siento que se vayan
                       todos, no he de faltar yo
                       de donde saqué la espada.

(Sale don Juan con luz.)

Juan   Ya hay luz aquí.

Leonor   ¡Carlos, tente!

Juan   ¿Solos los dos?

Carlos   ¿Qué te espanta?

Porque si yo a mi enemigo
no puedo volver la espalda,
hallándome con Leonor,
con mi enemigo mi hallas;
pero enemigo de quien
la vitoria es huir.

(Quiere irse, y detiénele don Juan.)

Juan   Aguarda.

Carlos   Déjame que, en seguimiento
de esotro, huyendo a éste, salga.

Juan   Ya no hay tras quién.

Leonor   ¡Quién pudiera
rasgarse el pecho, y que hablara
el corazón con acciones
y no la voz con palabras!

Carlos   Fuera el corazón también
traidor; que ser tuyo basta.

Leonor   Fuera leal, por ser mío.

Carlos   Bien el lance lo declara
que acabo de ver ¡ay, fiera!
cuando no consideraras
las finezas que me debes,
consideraras que estabas
en casa de don Juan.

Leonor   Pues

¿qué culpa contra mí hallas
en las locuras de un hombre?

Carlos   Ninguna. Ahorremos demandas
y respuestas. —Primo, amigo,
pues tan felizmente acaba
para ti aquella ocasión
que detuvo mi jornada
cuanto infeliz para mí,
adiós; que, aunque con infamia
salga de Valencia, es fuerza
que de ella esta noche salga.
Diga mi enemigo que huyo;
que no quiero honor ni fama.
A esa mujer, porque en fin
la quise bien, te la encarga
mi amistad, no para que
la tengas más en tu casa,
sino para que la dejes
que en cas de don Diego vaya;
logre él felice su amor,
y ella gustosa... Mas nada
digo. Adiós, don Juan.

Leonor   ¡Ay, cielos!
Espera, Carlos.

Carlos   ¿Que aun hablas?

Leonor   Si yo supe...

Carlos   No prosigas.

Leonor   ...que aquí...

Carlos	No me digas nada.
Leonor	No... pues yo... si... Hablar no puedo. Vista y aliento me faltan. ¡Jesús mil veces!

(Desmáyase.)

Juan	Cayó en mis brazos desmayada.
Carlos	Tenla, don Juan. ¡Ay Leonor! Que te adoro, aunque me matas, y es muy distinto sentir tu traición que tu desgracia.
Juan	En lágrimas y gemidos se le han vuelto las palabras. Esperad, Carlos, a que entre al cuarto de mi hermana con ella.
Carlos	Sí, don Juan, id; algún remedio se le haga. Mas dejadla que se muera, pues para otro amor se guarda.
Juan	Después veremos los dos lo que hemos de hacer.

(Entrala.)

Carlos	¡Mal haya

rendimiento tan postrado,
pasión tan avasallada,
afecto tan abatido
y voluntad tan postrada!
A más quejas, más amor;
a más agravios, más ansias;
a más traición, más firmeza.
Mas ¿qué me admira y espanta?
Que quien no ama los defectos
no puede decir que ama.

Fin de la segunda jornada

Jornada tercera

(Salen don Carlos y don Juan.)

Carlos   ¿Volvió del desmayo?

Juan   Sí;
pero volvió de manera
que pienso que mejor fuera
no haber vuelto.

Carlos   ¿Cómo así?

Juan   Como al instante que allí
restauró el perdido aliento
fue tan grande el sentimiento
que de tenerle ha tenido,
que a un tiempo cobró el sentido
y perdió el entendimiento,
    según los extremos son
que hace confusa y turbada.

Carlos   ¿Qué dice?

Juan   Que es desdichada,
sin oírla su razón.

Carlos   ¡Oh mal haya mi pasión!

Juan   Vos ¿qué habéis determinado?

Carlos   Dos cosas he imaginado,
y solo, don Juan, quisiera
que nadie me las oyera

sin estar enamorado.
¿Queréis que os diga, don Juan,
sobre tantas confusiones,
fantasías e ilusiones
como a mí vienen y van,
cuáles son las que me dan
más gusto, cuando las toco,
cuáles las que me provoco
más a ejecutarlas?

Juan   Sí.

Carlos   No os habéis de reír de mí,
pueso confieso que estoy loco.
Si en este estado pudiera
yo conseguir que a Leonor
todo su perdido honor
don Diego satisfaciera,
que honrada y en paz volviera
con su padre a su lugar,
fuera la más singular
venganza, y a esta mujer
la sabré hacer un placer,
cuando ella espera un pesar.
Leonor está enamorada,
don Diego lo está también;
dígalo el lance. Pues bien,
¿qué pierdo yo? Todo y nada.
Y así, en pena tan airada
como tengo y he tenido,
solo éste me ha parecido
que despicarme sabrá;
ganemos a Leonor, ya
que a Leonor hemos perdido.

Juan	Es vuestra resolución
	tan honrada como vuestra;
	y bien en su efecto muestra
	ser hija de una pasión
	tan noble.

| Carlos | Pues ¿a su acción |
| | qué medio, don Juan, pondremos? |

Juan	No sé, porque si queremos
	a don Diego hablar yo y vos,
	por lo mismo que los dos
	el casamiento tratemos,
	él no lo hará; que no fuera
	justo que un hombre otorgara,
	por más que él lo deseara,
	lo que el galán le pidiera
	de su dama; de manera
	que otra persona ha de haber.

Carlos	Pues lo que se puede hacer
	es que a su padre digáis
	cómo a Leonor ocultáis,
	y él lo podrá disponer.

| Juan | Tiene eso un inconveniente. |

| Carlos | ¿Qué? |

Juan	El empeño de los dos;
	fuera de que entonces vos
	no hacéis la acción.

Carlos	Cuerdamente decís. ¿Quién habrá que intente esta plática mover?
Juan	Ya sé yo quién ha de ser. Veréis que todo lo allana.
Carlos	¿Quién?
Juan	Doña Beatriz mi hermana, que es en efecto mujer, con quien, lo uno, no habrá duelo en la proposición, y lo otro, es debida acción suya el honrar a quien ya dentro de su casa está declarada por quien es.
Carlos	Bien pensáis.
Juan	Escondeos, pues, mientras yo a tratarlo llego.
Carlos	¿Yo? ¿Por qué?
Juan	Porque don Diego ni el padre os vea hasta después.
Carlos	¿Yo esconderme?
Juan	Es deshacer toda nuestra pretensión.
Carlos	Yo lo haré, con condición

que nadie lo ha de saber
sino vos.

Juan   Así ha de ser.

Carlos (Aparte.)   Pues id con Dios. (¡Ay, Leonor,
cuánto debes a mi amor,
pues te da, fiera homicida,
sobre un agravio la vida,
sobre otro agravio el honor!)

(Escóndese y cierra por dentro.)

Juan   Si a conseguir esto llego,
a nadie le está mejor,
pues quedo bien con Leonor,
con su padre y con don Diego;
y vengo a mirarme luego
sin el empeño a que he estado
por don Carlos obligado;
y así tengo de esforzar
esta acción, hasta quedar
gustoso y desengañado.

(Sale doña Beatriz.)

Beatriz   ¿Está don Carlos aquí?

Juan   No, Beatriz.

Beatriz   Pues yo a tu cuarto
solo a buscarle venía.

Juan   Cuando le dio aquel desmayo

	a Leonor, le dejé aquí,
	y aquí al volver no le hallo.
(Aparte.)	(Ni aun mi hermana ha de pensar
	que se ha escondido don Carlos.)

Beatriz
    Sin duda que su valor
tras don Diego le ha llevado.

Juan
    Yo, por no saber adónde
hallarle podré, no salgo
tras él. Mas tú ¿qué le quieres?

Beatriz
    Decirle, don Juan, que, cuando
por amante y por rendido
no fuese, por cortesano
y caballero tuviese
de su dama, que llorando
está, lástima.

Juan
              ¿Qué dice?

Beatriz
    Que con solo hablar a Carlos
consuelo tendrá.

Juan
           Pues si él
no está aquí, y solos estamos,
una cosa a tu cordura
he de fiar, Beatriz.

Beatriz
          Harto
será que fíes de mí
nada, porque quien te ha dado
ocasión para que de ella
desconfíes, don Juan, tanto

que presumas que ha podido
ocasionar el cuidado
con que anoche entraste en casa,
parece que es muy contrario
que fíes y desconfíes
a un mismo tiempo.

Juan   Excusado
será, Beatriz, que yo haga
dese sentimiento caso,
sabiendo tú cuánto estimo
tu virtud y tu recato;
y, en fin, tú sola, Beatriz,
podrás hoy de riesgos tantos
como amenazan las vidas
de don Diego y de don Carlos
—y aun la mía, pues es fuerza
hallarme en el duelo de ambos—
librarnos.

Beatriz   ¿Yo, de qué suerte?

Juan   De esta suerte; oye y sabráslo.
Yo intento, por ser quien es
Leonor, cuidar del amparo
de su honor y su opinión;
pero si llego a tratarlo
yo con don Diego, no sé
lo que hará, y es empeñarnos,
para haber de conseguirlo,
haber de llegar a hablarlo.
Y así a ti, Beatriz, te toca;
que a las mujeres es dado
tratarlo con suaves medios,

no a nosotros, y más cuando
la mujer está en tu casa.
Y son tu primo y tu hermano
comprendidos en el riesgo,
razones que me la han dado
para que llames...

Beatriz   ¿A quién?

Juan   A don Diego; y procurando
darle a entender cuánto está
ofendido tu recato
de que a tu casa se atreva,
proponerle que, pues tantos
peligros debe a esta dama,
se disponga a remediarlos;
que, como con ella case,
a todos deja obligados.
Y esto ha de ser sin que entienda
que nosotros le rogamos,
sino que sale de ti.

Beatriz   Digo, don Juan, que has pensado
bien y que yo lo haré así.

Juan   Pues yo voy a ver si a Carlos
hallo. Tú, si al tuyo vuelves,
haz que cierren ese cuarto.

Beatriz   Yo le cerraré.

(Vase don Juan.)

                               ¿A qué más

puedo llegar, pues me hallo
obligada a ser yo misma
tercera de mis agravios
y cómplice de mis celos?
¿Qué puedo hacer? Pero vamos
al examen, celos míos;
y pues le da libre el paso
hoy en su casa a don Diego
quien ayer lo estorbó tanto,
sepamos de él qué responde.
Salgamos o no salgamos
de una vez de este delirio,
desta pena, de este encanto.
¡Inés!

(Sale doña Leonor.)

Leonor   ¿Señora?

Beatriz   Leonor,
                 ¿tú respondes?

Leonor   Si has llamado
                 a una criada, ¿qué mucho
                 que responda quien lo es tanto?

(Sale don Carlos al paño.)

Carlos (Aparte.)   (La voz de Leonor oí;
                 y así la puerta entreabro,
                 por verla convalecida
                 de aquel penoso letargo.)

Beatriz   Si ayer, Leonor, mi ignorancia

te tuvo en aquese estado,
hoy mi advertencia, Leonor,
te pone en lugar más alto.

(Aparte.)   Mi amiga eres. (Mi enemiga
diré mejor.)

Leonor   Si he llegado
a perder, señora, el nombre
de criada tuya, no en vano
de la ventura que pierdo
me libra el honor que gano.
Tu esclava soy, y te pido,
si puede merecer algo
quien vino a tu casa solo
a causar asombros tantos,
me trates como hasta aquí.

Beatriz   ¿Cómo puedo, Leonor, cuando,
por ser quien eres, y estar
en mi casa, darte trato
esposo?

Leonor   En eternidades
prospere el cielo tus años.
Pero Carlos no querrá,
que es tan celoso...

Beatriz   No es Carlos.

Leonor   Pues ¿quién?

Beatriz   Don Diego Centellas.

Leonor   No te empeñes en tratarlo;

que antes me daré la muerte
que dé a don Diego la mano.

Beatriz   Luego ¿tú nunca has querido
a don Diego?

Leonor   Aspid pisado
entre las flores de abril,
víbora herida en los campos,
rabiosa tigre en las selvas,
crüel sierpe en los peñascos
no es tan fiera para mí
como él lo es.

Beatriz   ¡A espacio, a espacio!
Que, aunque le desprecies quiero,
no que le desprecies tanto.

Carlos (Aparte.)   (¡Ah traidora! Ella me vio
esconder, pues así ha hablado.)

Beatriz   Yo pensaba que te hacía
lisonja; que quien ha estado
por ti a la muerte en Madrid
y aquí te viene buscando
no entendí que te ofendía.

Leonor   Pues si supieras bien cuánto
me ofende...

Beatriz   Yo lo veré
presto, para que salgamos
de este oscuro laberinto
él, tú, yo, don Juan y Carlos.

(Vase.)

Carlos (Aparte.)   (Fuese Beatriz, y Leonor
—¡ay cielos!— sola ha quedado.
Llorando está. Mas ¿qué importa,
si es tan equívoco el llanto
que, aunque está llorando veo,
no por quien está llorando?

Leonor   Ahora sí, piadosos cielos...

Carlos (Aparte.)   (¡Ah, celos!)

Leonor   ...que solo podrán mis labios...

Carlos (Aparte.)   (¡Oh, agravios!)

Leonor   ...quejarse al viento mejor...

Carlos (Aparte.)   (¡Oh, amor!)

Leonor   ¿quién le dirá a mi dolor
la razón que ha de culparme?

Carlos (Aparte.)   (Yo lo dijera, a dejarme
celos, agravios y amor.)

Leonor   ¿Cuándo yo ocasión he dado...?

Carlos (Aparte.)   (¡Fiero hado!)

Leonor   ...a mi desdicha importuna...

Carlos (Aparte.)   (¡Cruel fortuna!)

Leonor   ...que así el honor atropella?

Carlos (Aparte.)   (¡Dura estrella!)

Leonor   Pues ¿cómo, si nunca de ella
di ocasión, me da castigos?

Carlos   (No sin causa hay enemigos
hado, fortuna y estrella.)

Leonor   Quien inocente se mira...

Carlos (Aparte.)   (Es mentira.)

Leonor   ...en la ciega confusión...

Carlos (Aparte.)   (Es traición.)

Leonor   ...de tan conocido daño...

Carlos (Aparte.)   (Es engaño.)

Leonor   ...¿cuándo, amor, el desengaño
verán otros que tú ves?

Carlos (Aparte.)   (Nunca; que todo eso es
mentira, traición y engaño.
 Sin duda están contra mí
hoy los cielos conjurados,
pues me tienen persuadido
a que sabe que oigo cuanto
diciendo está. Mas ¿qué importa?

Que aqueste metal humano
el mismo sonido tiene
cuando es fino y cuando es falso;
y así, pues basta el oírlo,
¿para qué es examinarlo?)

Leonor   ¡Ay, Carlos, si tú me oyeras!

Carlos (Aparte.)   (¡Ay, Leonor, si...!)

(Llaman.)

(Aparte.)   (Mas llamaron
                          a la puerta. A cerrar vuelvo
                          yo la mía.)

Leonor   ¿Que, aun hablando
                          sin efecto, no faltó
                          quien viniese a embarazarlo?
                          Veré quién es, por si puedo
                          quedarme sola otro rato.
                          ¿Quién es?

(Sale don Pedro.)

Pedro   ¿El señor don Juan
                          está en casa? ¡Cielo santo!
                          ¿Qué miro?

Leonor   Ahora salió.
                          Mas ¿qué veo?

Pedro   Estoy turbado.

(Éntrase Leonor donde está don Carlos.)

Carlos   No temas, Leonor; que yo
te recibiré en mis brazos.

Pedro   Cerró la puerta tras sí.
Mas qué importa, si yo basto,
en defensa de mi honor,
a dar asombros y espantos
al mundo? Caiga en el suelo;
que después de hecha pedazos,
haré lo mismo de aquella
tirana que...

(Sale doña Beatriz por otra puerta.)

Beatriz   ¿En este cuarto
golpes y voces? ¿Qué es esto?

Pedro   Es un furor, es un pasmo,
una desesperación,
un horror, una ira, un rayo,
que ha de abrasar cuanto encuentre
que intente ponerse al paso.

Beatriz   Pues ¿cómo este atrevimiento
en mi casa? ¿Quién ha dado
ocasión para que así
haya podido empeñaros
una cólera?

Pedro   Una fiera
que aquí se oculta.

Beatriz	Esperaos.
	¿Es Leonor?

Pedro	Pues ¿quién pudiera,
	sino ella, obligarme a tanto?

Beatriz (Aparte.)	(¡Esto nos faltaba solo!
	¿Otro amante, y de estos años,
	tras don Carlos y don Diego,
	que pusiese en paz a entrambos?)
	Pues bien, aunque vos tuvieseis
	razones, que yo no alcanzo,
	para buscarla ofendido,
	¿os atrevéis temerario
	a entrar aquí?

Pedro	Sí; que yo
	en mí la disculpa traigo
	para mayores extremos;
	y así perdonad, si os trato
	sin más atención, señora.

Beatriz	En esta casa es engaño
	pensar que no habrá...

(Sale don Juan.)

Juan	¿Qué es esto?

Beatriz	¿Qué ha de ser? Aqueste anciano
	caballero en busca viene
	también de Leonor, y ha dado
	en que ha de romper las puertas
	de esta casa.

Juan	¡Paso, paso,
	Beatriz! Que el señor don Pedro
	ni te ha ofendido, ni ha errado;
	porque, como dueño de ella,
	a todos puede mandarnos.
Pedro	Señor don Juan, no gastemos
	cumplimientos excusados;
	ni soy dueño, ni ser quiero
	más que un forastero, que hallo,
	cuando fiado de vos,
	a veros vengo y hablaros,
	en vuestra casa a mi hija.
	Cerrada está en ese cuarto.
	Abrid vos o abriré yo,
	echando la puerta abajo.
Beatriz (Aparte.)	(¿Su padre es?)
Juan (Aparte.)	(¿Cómo saldré
	de lance tan apretado?
	Ya él la vio. ¿Qué he de decirle?)
Pedro	¿Qué pensáis? Determinaos.
Juan	Por cierto, señor don Pedro,
	—mucho haré si de esta salgo—
	muy buen agradecimiento
	es ése de mi cuidado;
	pues desde ayer, que me hice
	de vuestras fortunas cargo,
	busqué a Leonor, y la traje
	a mi casa, donde al lado

la halláis de mi hermana, adonde
satisfaceros aguardo
de suerte que a vuestra casa
volváis contento y honrado.
Mas si de esto os disgustáis,
de todo alzaré la mano.

Pedro   Dadme, don Juan, vuestro pies,
y perdonadme que, airado
al verla, razón no tuve
para discurrir a tanto;
que no sabe discurrir
en su dicha un desdichado.
Arrastróme la pasión;
mas ya, a vuestros pies postrado,
os hago dueño de todo.

(Arrodíllase.)

Juan   ¿Qué hacéis, señor? Levantaos.

Pedro   Y vos perdonad, señora,
el disgusto que os he dado.
Soy noble; estoy ofendido.

Beatriz   A haber, señor, alcanzado
quién sois, de otra suerte hubiera
pretendido reportaros.

Juan   ¿Llamaste a don Diego?

Beatriz   Sí;
Inés fue ahora a llamarlo.

Juan	Venid conmigo, señor don Pedro, para que vamos a hacer una diligencia importante en este caso. Leonor con Beatriz segura queda.
Beatriz	Y yo, señor, me encargo de dar cuenta de ella.
Pedro (Aparte.)	Basta quedar con vos. (¡Cielo santo, venga la muerte, si llego a ver mi honor restaurado!)

(A Beatriz.)

Juan (Aparte.)	(Yo no sé dónde le lleve. Habla tú a don Diego en tanto, porque en esa diligencia está mi dicha.)

(Vanse don Juan y don Pedro.)

Beatriz (Aparte.)	(Y mi daño.) Leonor, abre; yo estoy sola.
Leonor (Dentro.)	Con ese seguro salgo.
Carlos (Dentro.)	Ni a Beatriz, Leonor, le digas que aquí estoy.
Leonor	No haré.

(Sale doña Leonor.)

Beatriz   De extraño
                    lance tu vida escapó.

Leonor   En esta cuadra sagrado
                    hallé.

Beatriz   No fue poca dicha
                    dejarla abierta mi hermano,
                    que nunca suele dejar
                    de ella la llave.

Leonor   No en vano
                    diré mil veces que en ella
                    mi vida está —que está Carlos—.

Beatriz   Leonor, puesto que tu padre
                    nuestros sustos ha llegado
                    a aumentar, como si acá
                    no nos tuviésemos hartos,
                    lo que antes de ahora te dije
                    trataré con más cuidado.

Leonor   También lo que te dijeron
                    antes de ahora mis labios
                    dirán con más causa ahora.

Beatriz   Eso es tema.

Leonor   Esotro agravio.

Beatriz   Ahora bien; cierra esa puerta
                    y ven, Leonor, a mi cuarto.

Leonor	Ya yo te sigo.

Beatriz (Aparte.)   (¡Ay, don Diego,
con cuánto temor te aguardo!)

(Sale don Carlos de su escondite.)

Leonor   Carlos, pues me da ocasión
de hablarte este breve rato,
óyeme.

Carlos   Leonor, si en mí
aun es fineza el acaso,
puesto que siempre nos vemos,
tú ofendiendo y yo amparando,
¿qué me quieres? Dejamé
hasta que llegue otro acaso
de darte la vida yo
y de hacerme tú otro agravio.

Leonor   Eso no llegará nunca,
mas esotro ya ha llegado.

Carlos   ¿Cómo?

Leonor   Sabe que Beatriz
me da la muerte, intentando
que me case con don Diego.
Si generoso y bizarro
a cada riesgo una vida
me has de dar, aquésta aguardo.
Háblala tú.

Carlos	¡Bueno es eso! Siendo yo mismo el que trato el casamiento, ¡pedirme contra mi herida el reparo!
Leonor	¿Tú lo quieres?
Carlos	Yo lo quiero.
Leonor	¿Tú lo trazas?
Carlos	Yo lo trazo; a cuyo efecto escondido estoy, por no embarazarlo ni encontrarme con don Diego o con tu padre.
Leonor	No alcanzo la razón.
Carlos	Yo sí.
Leonor	¿Qué es?
Carlos	Ser mis respetos tan honrados, tan nobles mis pensamientos y mis celos tan hidalgos, que ya, Leonor, que te pierdo, quiero ver si tu honor gano.
Leonor	¿Cómo mi honor?
Carlos	Pretendiendo

que el escándalo que ha dado
—dejo aparte los sucesos
de Madrid, en que no hablo—
el entrar don Diego a verte
a casa que yo te traigo,
el salir por un balcón
una noche, otra encerrado
hallarle, Leonor, contigo,
cese con darte la mano;
fineza última que puede
hacer un enamorado,
por ver con honor su dama,
ver su dama en otros brazos.

Leonor   ¡Mi bien, mi señor, mi dueño…!

Carlos   ¡Mi mal, mi muerte, mi agravio…!

Leonor   Si la noche del balcón
le vi, me confunda un rayo;
y si la que habló conmigo
lo supe…

Carlos   Todo eso es falso.

Leonor   Si lo fuera, no dijera
lo que con Beatriz he hablado.

Carlos   ¡Ah, traidora! Que sabías
que yo lo estaba escuchando.

Leonor   ¿Yo? ¿De qué?

Carlos   De haberme visto

esconder. Bien lo ha mostrado
venir, cuando entró tu padre,
de mí a valerte.

Leonor   ¡Fue acaso!
Mas quiero que no lo sea,
cuando tú me estás rogando
que con él case, ¿a qué efecto
te había de estar engañando?

Carlos   Pregunta eso a cuantas damas
engañan a dos, sabráslo.

Leonor   No como yo.

Carlos   Todas sois...

Beatriz (Dentro.)   ¡Leonor!

Leonor   Beatriz ha llamado.

Carlos   No digas que estoy aquí,
si es que por mí has de hacer algo.

Leonor   No haré. Al fin ¿no me creerás?

Carlos   No; porque dice un adagio:
«Siempre es cierto lo peor.»

Leonor   Yo le enmendaré, mudando:
«No siempre lo peor es cierto.»
¡Oh, lo que me cuestas, Carlos!

(Vanse. Salen doña Beatriz y don Diego.)

128

Diego

Beatriz, enviarme a llamar,
y a estas horas no temer
que entre en tu casa, y poner
guarda a tu cuarto, y pasar
  en el de tu hermano a hablarme,
muchas prevenciones son.
¿Es fineza o es traición?
¿Es darme vida o matarme?

Beatriz

No extrañéis, señor don Diego,
ver aquesta novedad,
ni que con tal brevedad
a veros y hablaros llego
  a estas horas y en mi casa,
ni que este cuarto haya sido
el que para esto he elegido;
que avisándome que pasa
  Violante esta tarde a verme,
no es bien que os vea; y así
intento hablaros aquí.
No, no tenéis que temerme,
  porque ya sois tan seguro
para conmigo, que puedo
perder a mi amor el miedo
tanto, que solo procuro
  ser hoy del vuestro tercera,
ya que no es posible ser
más, habiendo otra mujer
que para marido os quiera.

Diego

Cuando, llamado de vos,
aquel papel recibí,
una duda concebí;

entrando aquí, fueron dos;
tres al escucharos son.
Dejad que al remedio acuda,
si he de añadir una duda,
Beatriz, a cada renglón.

(Sale don Carlos al paño.)

Carlos (Aparte.)   (Temor, no sé lo que arguya
de esto, y es fuerza escuchar
si vienen éstos a hablar
en mi pena o en la suya.)

Beatriz   Mucha gana de dudar,
señor don Diego, tenéis,
supuesto que no entendéis
tan fácil modo de hablar.
  Y para que a vuestro amor
ningún escrúpulo quede
de que entenderme no puede,
declárome más. Leonor
  por vos su casa ha dejado,
padre, honor, vida y reposo;
a don Juan tenéis quejoso;
don Carlos está agraviado;
  yo estoy de vos ofendida,
o por mi casa o por mí;
de Leonor el padre aquí
está también. Vuestra vida
  corre gran riesgo; y es llano
que otro remedio no espero
que dar venganza a su acero
o dar a Leonor la mano.
  Vos la amáis, ella os adora;

todos andan por mataros,
y es el remedio casaros.
¿Habéislo entendido ahora?

Diego   Necio fuera en no entenderos
cuando tan claro me habláis;
y si licencia me dais,
trataré de responderos.

Beatriz   Decid, pues.

Carlos (Aparte.)   (¿Qué es esto, cielos?
¿Don Diego y Beatriz se amaban?
¿Unos celos no bastaban?
¿Para qué son otros celos?
 Más quiero oír; que fingido
esto no será, supuesto
que Beatriz no hablara de esto
donde yo estaba escondido.)

Diego   Mucho quisiera, Beatriz,
poder en aqueste instante
de amante y de caballero
dividirme en dos mitades;
porque no sé a cuál acuda
de dos afectos que, iguales,
al intentar responderos,
me sitian y me combaten.
Si como amante pretendo
daros la respuesta, es fácil
presumir que hace mi amor
de las mentiras verdades.
Y así, como quien soy solo,
solicito hablaros antes,

pues antes, Beatriz hermosa,
fui caballero que amante.
Pensad que no hablo con vos;
que no quiero en esta parte
de vuestros celos, Beatriz,
ni de mi amor acordarme.
De mí mismo, de mi honor,
de mi obligación, mi sangre
me acuerdo solo; y así
presumid que otro me trae
ese recado, y que a otro
respondo.

Carlos (Aparte.)   (¡Empeño notable!)

Diego   Yo vi en Madrid a Leonor.
Su hermosura pudo darme
ocasión de que asistiese
de día y de noche en su calle.
Vi, miré, pasé, escribí,
pero con desdenes tales
me trató que ya no eran
desdenes sino desaires.
Hice tema del amor,
sintiendo que me tratase
sin aquella estimación
con que las mujeres saben
despedir lo que no quieren;
que hay algunas de tal arte
que aun de los mismos desprecios
agradecimientos hacen.
Este le faltó a Leonor,
de suerte que yo, al mirarme
tan desvalido, acudí

al medio siempre más fácil,
que son las criadas. Una,
poniéndose de mi parte,
gracias a no sé qué alhaja,
me dijo: «De lo que nacen
los desprecios de Leonor
es de que tiene otro amante».
Celos tuve, y aquí vuelvo,
contra lo propuesto, a darte
licencia de que seas tú
la que me oye, por mostrarme
honrado a tus ojos; pues
no lo es el que al infame
consuelo se da de que
otro lo que él pierde alcance.
Añadió que de secreto
con él trataba casarse,
cuyo seguro les daba
lugar para que se hablasen
de noche en su casa. Yo,
por poder, Beatriz, vengarme,
quise verlo; siendo solo
mi ánimo que ella llegase
a saber que yo sabía
su amor, porque no ostentase
conmigo la vanidad
de no merecerla nadie.
Escondióme la criada
de su cuarto en una parte
oculta, donde ver pude
que ella de allí a poco sale
hacia otro aposento. Quise
seguirla, por si alcanzase
a oír alguna razón

que repetirla adelante.
No seas tú aquí, que no quiero
que venganza tan cobarde
sepas de mí, como hacer
de las mujeres ultraje.
Sintióme ella; volvió a ver
quién era, y al mismo instante
entró don Carlos, de cuyo
encuentro el suceso sabes,
y así no quiero decirle.
Al fin, pues, de mucho lances
vine a Valencia, y por Dios,
—¡si en esto miento, Él me falte!—
que no supe que en Valencia
Leonor estaba. Bastante
satisfacción es, Beatriz,
saber tú que vine a hablarte
la noche que fue forzoso
por ese balcón echarme.
Capaz de todo el suceso,
celosa, Beatriz, me hablaste,
y yo, por satisfacerte,
a verte volví ayer tarde.
Entró don Juan a este tiempo;
que parece que le traen
siempre a ocasión mis desdichas.
Intentando retirarme,
di con Leonor, y aunque pudo
el verla, y verla en tal traje,
suspenderme, me cobré
tanto que, por disculparme,
culpé a Leonor. Sobrevino
a tan no pensado lance
don Carlos. Pues si tú misma,

Beatriz, que es esto así sabes,
¿cómo me pides, Beatriz,
que yo con Leonor me case?
¿Mujer que me aborreció,
mujer que dio a mis pesares
ocasión con sus rigores,
mujer que con otro amante
vino a Valencia, y mujer
que, aunque en tu casa la hallase,
fue buscándote a ti, es justo
que me la proponga nadie?
Si tú en esta audiencia mía
a mejor empleo aspiraste,
y los celos de Madrid
tomas ahora por achaque,
múdate muy en buen hora,
Beatriz, pero no me cases;
que no es mujer para mí
mujer que tú me la traes.

Carlos (Aparte.)   (Cielos ¿qué escucho? ¿Quién vio
tan evidente, tan grande
desengaño? ¡Ay, Leonor mía!
Verdades son tus verdades.)

Beatriz   Y ¿qué es lo que hacer intentas
con enemigos tan grandes?

Diego   ¿Qué enemigos?

Beatriz   Yo, Leonor,
Carlos, don Juan y su padre.

Diego   De todos ésos, Beatriz,

135

sino a ti, no temo a nadie.

Beatriz   ¿Por qué a mí?

Diego   Porque me advierte
muchas cosas ver que hables
tú en esto.

(Salen Inés y Ginés, cada uno por su puerta.)

Ginés   ¡Señor!

Inés   ¡Señora!

Beatriz   ¿Qué es lo que tienes?

Diego   ¿Qué traes?

Inés   Mi señor viene; que yo
le he visto ahora en la calle.

Ginés   Y es lo peor que con él
viene de Leonor el padre.

Diego   ¡Que destinado nací
a desdichas semejantes!

Beatriz   Por mi hermano no importara
que aquí te viese y te hablase;
por don Pedro sí.

Ginés   Ellos son
de los dos más puntüales
padre y hermano que he visto.

No hay cosa en que no se hallen.

Diego
A esta cuadra me retiro,
mientras a su cuarto pase.

Ginés
¿Esto ha de ser cada día?

Carlos
Aquí no puede entrar nadie.

Diego
¡Un hombre está dentro, cielos!

Beatriz
¿Hombre? ¿Quién?

Ginés
Abindarráez
que por no quedarse hoy
sin posada, llegó antes.

Diego
No te hagas ahora de nuevas,
que el traerme aquí a rogarme
que me case con Leonor
bien muestra que quieres darle
satisfacción a quien es
de que tú mis bodas haces;
y ¡vive el cielo...!

Beatriz
Don Diego...

(Sale doña Leonor.)

Leonor
Señora, ¿quién hay que cause
estas voces? Mas ¿qué miro?

Beatriz
No sé quién es.

Diego
                   Pues yo darte
el gusto de que lo sepas
quiero; porque, aunque me maten
todos cuantos contra mí
hoy solicitan vengarse,
he de ver quién es un hombre
tan reportado o cobarde
que a los ojos de su dama,
llamándole otro, no sale.

(Sale don Carlos.)

Carlos
                Eso no; que yo de atento
puedo desviar un lance,
de cobarde no.

Leonor
                     Desdichas,
¿hasta cuándo habéis de darme
siempre que sentir?

(Salen don Juan y don Pedro.)

Juan
                           ¿Qué es esto?

Pedro
                ¡Qué confusión tan notable!
Un enemigo buscaba,
y dos tengo ya delante.
Traidor Carlos, vil don Diego,
si no puedo en dos mitades
dividirme, para daros
dos muertes a un tiempo iguales,
poneos de un bando los dos,
para que de un golpe os mate.

Juan	Teneos todos; que [sí] puede de la razón el examen mediarlo sin el acero, componerlo sin la sangre. ¿Haos dicho Beatriz, don Diego, el más conveniente y fácil medio?
Diego	El más dificultoso me ha dicho; que es que me case con Leonor, y no he de hacerlo.
Pedro	Ya, don Juan, no hay más que aguarde. Pues no basta la razón, baste el acero.
Carlos	Dejadle.

(Pónese don Carlos al lado de don Diego.)

Juan	¿Tú le defiendes, diciendo que no? Siendo así, ¿cómo haces tú la fineza?
Carlos	Don Juan, si dijera que sí, darle yo muerte vieras.
Juan	¿Por qué?
Carlos	Porque de uno en otro instante mejora tanto mi amor que es fuerza que yo me case con Leonor.

Juan	¿Y sus agravios?
Carlos	Yo no satisfago a nadie. Bástame a mí estarlo yo. Llega, Leonor, a tu padre.
Leonor	Señor...
Pedro	No me digas nada; que como mi honor restaure, en albricias de esta dicha perdono tantos pesares.
Juan	Pues ¿no me diréis, don Carlos, qué novedad visteis?
Carlos	¿Daisme licencia de que lo diga?
Juan	Sí.
Carlos	Pues dejad que me pase a vuestro lado.

(Pónese Carlos junto a don Juan.)

¡Don Diego!

Beatriz (Aparte.)	(El dice lo que oyó.)
Carlos	Dadle la mano a Beatriz.

Diego	Y el alma.
Juan	Pues ¿cómo?
Carlos	Esto es importante, don Juan; con que ya sabréis de qué mi mudanza nace; pues si, donde está Leonor y Beatriz, él entra y sale, y yo caso con Leonor, fuerza es que él con Beatriz case.
Juan	Dichoso yo que, aunque tuve recelos, no supe antes el agravio que el remedio.
Ginés	¿Están hechas ya las paces? Pues, Inés, boda me fecit, para que con esto nadie desconfíe de su dama; que, aunque la experiencia engañe, no siempre lo peor es cierto. Perdonad sus yerros grandes.

Fin de la comedia

Libros a la carta

A la carta es un servicio especializado para
empresas,
librerías,
bibliotecas,
editoriales
y centros de enseñanza;
y permite confeccionar libros que, por su formato y concepción, sirven a los propósitos más específicos de estas instituciones.

Las empresas nos encargan ediciones personalizadas para marketing editorial o para regalos institucionales. Y los interesados solicitan, a título personal, ediciones antiguas, o no disponibles en el mercado; y las acompañan con notas y comentarios críticos.

Las ediciones tienen como apoyo un libro de estilo con todo tipo de referencias sobre los criterios de tratamiento tipográfico aplicados a nuestros libros que puede ser consultado en Linkgua-ediciones.com.

Linkgua edita por encargo diferentes versiones de una misma obra con distintos tratamientos ortotipográficos (actualizaciones de carácter divulgativo de un clásico, o versiones estrictamente fieles a la edición original de referencia).

Este servicio de ediciones a la carta le permitirá, si usted se dedica a la enseñanza, tener una forma de hacer pública su interpretación de un texto y, sobre una versión digitalizada «base», usted podrá introducir interpretaciones del texto fuente. Es un tópico que los profesores denuncien en clase los desmanes de una edición, o vayan comentando errores de interpretación de un texto y esta es una solución útil a esa necesidad del mundo académico.

Asimismo publicamos de manera sistemática, en un mismo catálogo, tesis doctorales y actas de congresos académicos, que son distribuidas a través de nuestra Web.

El servicio de «libros a la carta» funciona de dos formas.

1. Tenemos un fondo de libros digitalizados que usted puede personalizar en tiradas de al menos cinco ejemplares. Estas personalizaciones pueden ser de todo tipo: añadir notas de clase para uso de un grupo de estudiantes, introducir logos corporativos para uso con fines de marketing empresarial, etc. etc.

2. Buscamos libros descatalogados de otras editoriales y los reeditamos en tiradas cortas a petición de un cliente.

www.ingramcontent.com/pod-product-compliance
Lightning Source LLC
La Vergne TN
LVHW091221080426
835509LV00009B/1109